順天堂大学保健医療学部特任教授
坂井建雄 監修

とがわ愛

KADOKAWA

みなさん
こんにちは！
とがわ愛です
以前の私は、
運動嫌いのグータラで
おうち大好き♥
締まりのないプヨプヨの
だらしないボディでした
だけど、
大好きな彼と出会って
ダイエットを決意！
筋トレやるぞ！
なんと
5ヶ月でマイナス10kgの
ダイエットに成功！
美ボディに
なれた秘密が
やせ筋トレ
でした♥
Before
After

「やせ筋」とは、体を引き締めてメリハリボディを作る筋肉のこと。
ここを狙い撃ちすることがダイエットの近道！

肩
三角筋（さんかくきん）
肩にふくらみをつけてさらなるメリハリと小顔効果♥

バスト
大胸筋（だいきょうきん）
代謝アップとバストアップのふたつを叶えてくれる！

お腹・ウエスト
腹直筋・腹斜筋・腹横筋（ふくちょくきん・ふくしゃきん・ふくおうきん）
きゅっと引き締まったくびれとペタンコお腹を手に入れよう！

内もも
内転筋（ないてんきん）
スラッとしたまっすぐな脚を作るのに欠かせない♪

二の腕
上腕三頭筋（じょうわんさんとうきん）
いくつになってもたるみのない二の腕！

背中
広背筋（こうはいきん）
代謝アップ★
みんなが羨む、魅惑のヴィーナスライン

お尻
大殿筋、中殿筋（だいでんきん、ちゅうでんきん）
誰もが振り返る、プリッとまあるい桃尻♥

裏もも
ハムストリングス
セルライト知らずの引き締まった脚へ！

でも、「やせ筋」は普段の生活では怠けがちな筋肉なの…
すると、別の箇所の筋肉が過剰に頑張ってどんどんボディラインが崩れちゃいます…！
背中ガチガチ
お腹怠ける
外ももパンパン
内もも怠ける
力こぶムキッ
二の腕怠ける
特にこんな習慣が要注意!!
○座りっ“ぱなし”
○寝転びっ“ぱなし”
○スマホ見っ“ぱなし”
○パソコン触りっ“ぱなし”
こんな姿勢が続くと、
1 お尻・裏ももの「やせ筋」が怠けて前ももの筋肉が頑張りすぎちゃう
2 お腹の「やせ筋」が怠けて背中の筋肉がガチガチに…
背中ガチガチでお腹ぽっこり！
頑張りすぎた前ももが骨盤を前に引っぱる！
こうして、「反り腰&ねこ背」のデブ姿勢が完成！
どんっ
オレやん

太りやすくて、やせにくい

「反り腰ねこ背」でだらしないボディラインに！

反り腰とは、文字通り腰が過度に反れた姿勢のこと。オフィスワークやスマホ生活など、座りっぱなしの姿勢が続くと、収縮した前ももの筋肉に**骨盤が前に引っぱられて、背骨が反れてしまう**のです。するとバランスをとるために、背中の上部が丸いねこ背に…。**一見ねこ背に見えないけど、背中の上部が丸まっている**人も要注意！

さらに運動不足で背骨がカチカチに硬くなって、**肋骨や骨盤もスムーズに動かなくなる**悪循環に。ずんどう、お腹ぽっこり、たれ尻、太い太もも…ダイエットしてもなかなかやせない、だらしないボディ一直線です。まずやるべきは、キツい食事制限よりも姿勢リセット！　やせ筋を目覚めさせて、理想のボディを手に入れよう。

現代人の8割が反り腰ねこ背！

たるんだ二重あご

肋骨が広がり、ずんどうに！

お腹ぽっこり

骨盤が前にスライド

背中上部が丸まった、ねこ背に！

反り腰でお腹に力が入らない

丸みのないたれ尻

メリハリのない脚

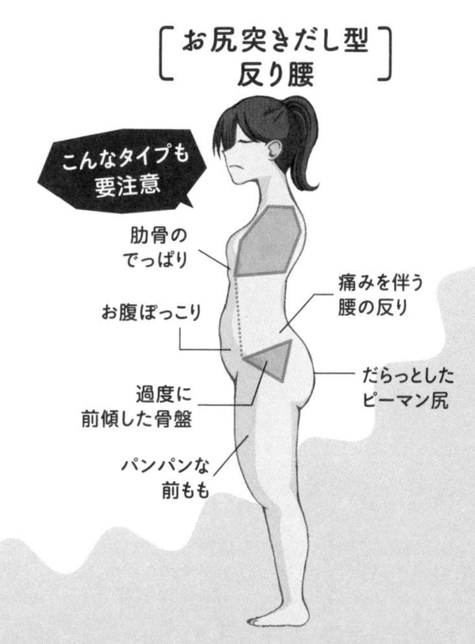

まずはデブ姿勢をリセットするのがダイエットの近道！
姿勢リセットは怠けた「やせ筋」にスイッチを入れてデブ骨格をリセット！
下腹や太ももなどなかなかお肉が落ちない…という人にこそ効果的です！
トレーニング直後から姿勢がよくなったり、サイズダウンが実感できるからやる気もアップ！
続けていくことで、理想のボディラインが定着してきます♥
ウエストが細くなった!?
姿勢シャキッ！
さらに、肩コリや頭痛がよくなったり、
ぐっすり眠れたりする嬉しい効果も！
まずは背中を丸める動きを身につけるべし！
丸められない人、意外に多いはず！
さぁ、Let's 姿勢リセット！

姿勢リセットダイエットのポイントはこの3ヶ所!

1 背骨

硬くなると、
「反り腰ねこ背」の原因に。
下腹ぽっこりとも関連

2 骨盤

下半身の筋肉と連動。
ゆがんだり
ずれたりすると
全身に影響が!

3 肋骨

代謝をつかさどる
呼吸と関連。
正しく呼吸できないと
広がって
ずんどうボディに

背骨、骨盤、肋骨はすべてつながっているため、どこか1ヶ所が崩れると、すべて影響を受けてしまいます。ストレッチと筋トレを組み合わせた姿勢リセットトレーニングで、この3つをほぐして、正しい位置に戻してあげましょう。すぐにボディラインの変化を実感できるはずです!

「反り腰ねこ背」も
この3つのバランスが
崩れたものだよ!

こんなに変わります！

「**体が軽い！
動かすのがラク**に
なりました」
（女性・42歳）

「始めて**1週間**で
『あれ、**やせた？**』と3人から
言われました。
姿勢リセット効果すごい！」
（女性・32歳）

「お尻にビンビンくる
セミワイドスクワットが
お気に入り。
生まれてはじめて
お尻が上がりました！」
（女性・30歳）

「**ダンベルも
いらない**のに、
筋肉にキテると
しっかり実感が」
（女性・23歳）

「**正しい姿勢**のおかげ
か、長時間の作業も
ツラくなくなりました」
（男性・35歳）

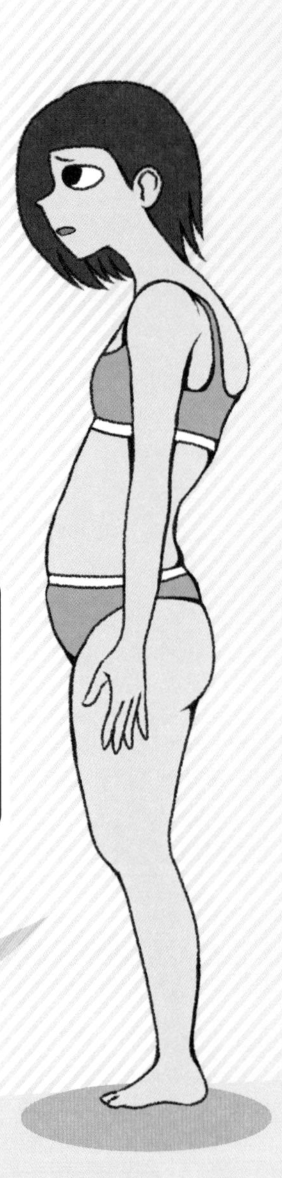

姿勢リセットでカラダが

＼いいこと いっぱい！／

「骨太がっちり下半身は
直せないと諦めてましたが、
骨格から締まって、
スラリ脚になれてびっくり！」
（女性・32歳）

「まったく**筋トレしたことがない**
運動オンチな私でも、
筋肉に効かせることができました！」
（女性・25歳）

「背中が硬かったのか、
キャット＆カウが最初は
うまくできませんでした。
でも3日くらいで
コツをつかんだら、
翌朝ウエストが－4㎝！
キュッと締まって感動！」
（女性・33歳）

今すぐチェック！

あなた、姿勢デブかもしれません

やせ筋が怠けるとボディラインが崩れるだけでなく、
さまざまな不調にもつながります。ひとつでも心当たりがあるならデブ姿勢かも！

慢性的な
肩コリや首コリ

やせているのに
お腹がぽっこり

お尻やバストが
たれ下がったり、
全身がたるんできた

上半身に比べて
下半身が太い

仕事や家事をする
だけでも疲れやすい

寝つきが悪い、
眠りが浅い

腰を痛めやすい

はじめてでも もっと 効かせるコツ！

まずは1回を目指そう

目標回数をこなすことよりも、正しいフォームでやることが肝心。間違ったポーズで回数を重ねても効果はありません。最初は無理せず、**正しいフォームで１回!**を目指そう。正しくできるようになると、「ここに効いてる!」と筋肉を実感するはず。その感覚をつかみましょう。

2 筋トレは毎日しなくてもOK

筋肉痛があるパーツは、トレーニングをお休みするのが基本。筋トレは同じパーツを毎日やらないほうが効果的なので、**筋肉が回復するまで3〜4日お休み**してから行って。ただし、お腹の筋肉は回復が早いので、気にならない程度の筋肉痛なら毎日続けてOK。

3 回数をむやみに多くしない

疲れてくるとフォームが崩れがち。セットとセットの間にはちゃんと**インターバル（休憩）を入れて**。本書でも回数とセット数の目安を入れています。できないときは、**回数を減らしてもOK**。ただし１セットだと効果が得られないので、最低でも２セット以上行って。

4 息をしっかり吐き切る

呼吸を意識することで、普段は意識しにくいインナーマッスルにしっかりアプローチできます。大事なのはしっかり息を吐くこと。肋骨が締まって姿勢のリセット効果もさらに高まります。コツは息を吐き切った後に、**さらにもうひと息吐く**イメージ!

5 お腹の力を抜かない意識が大事

狙った筋肉にしっかり効かせるためには、**お腹の使い方が重要**です。お腹から力が抜けてしまうとフォームが崩れて、余計なパーツに負荷がかかったり、腰を痛めたりする原因に。お腹がしっかり使えるようになると正しい動きがとれるので、筋トレ効果もアップ!

6 ストレッチはスキマ時間に

ストレッチは毎日してもOK。一度の回数を多くするより、1回しっかりストレッチしたら時間を空けて、固まった姿勢をこまめにリセットするほうが効果的。**朝夜1回ずつ**、もしくは家事や仕事の合間など、ライフスタイルに合わせて組み入れてください。

ここに注目!
★本書の見方★

のびのびマーク
筋肉の伸び(ストレッチ感)を実感してほしいところは青い色の「のびのびマーク」

筋トレマーク
筋肉に負荷が入ってキテる!と実感してほしいところは赤い色の「筋トレマーク」

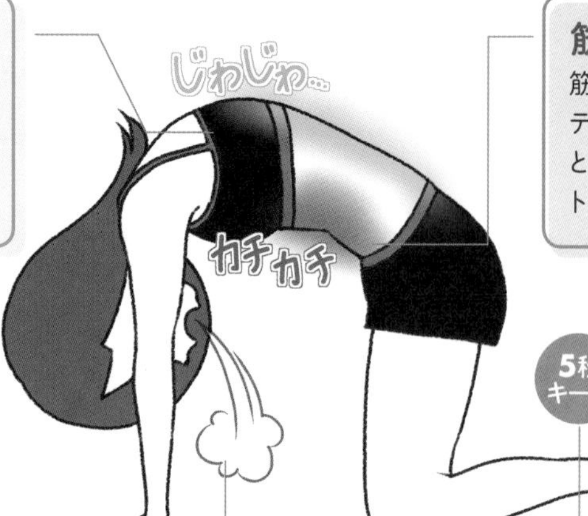

「のびのびマーク」と「筋トレマーク」
狙った筋肉にちゃんと効いているか、マークでわかります。刺激が強い箇所ほど、色も濃くなるので注目して!

呼吸
呼吸もプロセスに入れています。これでさらに効果アップ!

秒数マーク
意外に大切なのが動作の時間やキープ時間。これが短いと効果が半減しちゃいます。カウントしながら筋肉の収縮を実感してね!

〔目標回数〕
20回×3set
〔インターバル〕
1〜2分

目標回数とインターバル
できなければ回数を減らしてOKですが、セット数は変えないで。筋肉を効果的に鍛えるには休憩も大切なので、インターバルもしっかり守ってね!

ストレッチマーク
ストレッチ系の種目に入っています。この種目は、毎日やってもOKです。

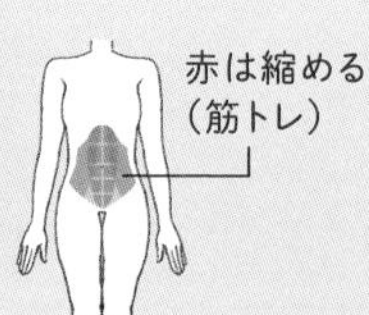

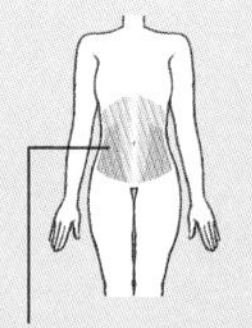

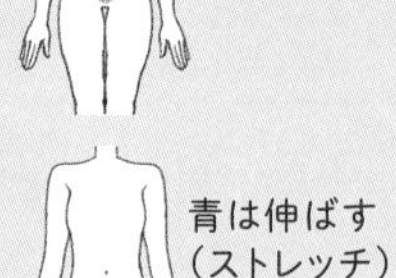

TARGET
運動で狙う筋肉がわかります。青は筋肉を伸ばす、赤は筋肉を収縮させて負荷をかけます。

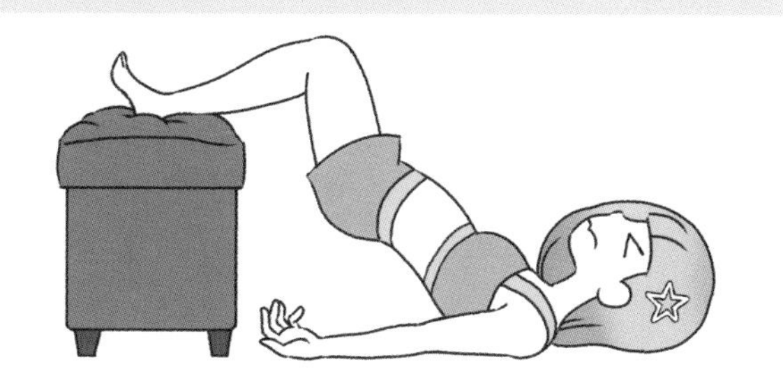

ダメ、絶対!!
やりがちNGポイント

狙ったところに効いている実感がないときに、体重のかけ方や、やりがちなNG ポイントを解説します。

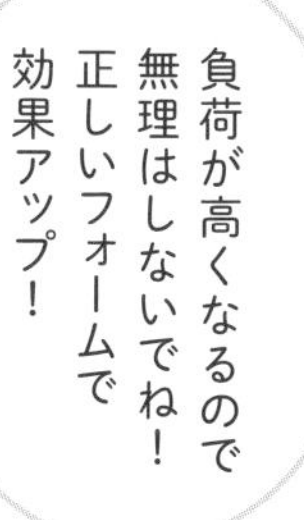

高負荷バージョンや、違う刺激の入れ方がわかります。トライすればやせ筋がもっと働くように！

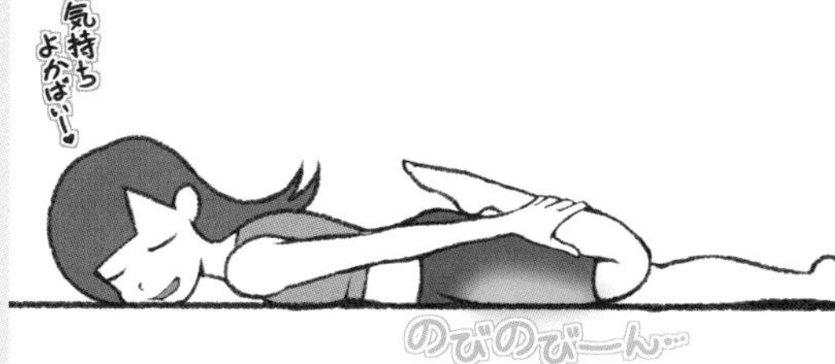

さらに効果up!
+αトレ

必須ではないけど、やればリセット効果がさらにアップするトレーニングです。

もくじ

ダイエット成功の秘密★これが「やせ筋」だ！……3
太りやすくて、やせにくい「反り腰ねこ背」でだらしないボディラインに！……5
姿勢リセットダイエットのポイントはこの3ケ所！……7
姿勢リセットでカラダがこんなに変わります！……8
あなた、姿勢デブかもしれません……10
はじめてでももっと効かせるコツ！……12
ここに注目！★本書の見方★……14

基本の姿勢リセット

背中を丸めてデブ姿勢をリセット……20
固まった背骨をぐいっとはがす！ キャット&カウ……22
前傾した骨盤を戻す！ ウォールエルボー……26
広がった肋骨を締める！ オールフォーストレッチ……30
Column 世界で一番座っている時間が長い日本人……34

デブ姿勢別の部分やせ編

座りっぱなしさんのがっちり太ももリセット……36
スロープブリッジ……38
+αトレ ハーフフロッグ……42

腰が痛くなりやすい人のぽっこり下腹リセット……44
バイシクルデッドバグ……46

+αトレ　ニータッチクランチ………50

息切れしやすい人のずんどうリセット………52

レッグツイスト………54

+αトレ　クロスタッチクランチ………58

Column
座り方〇×エトセトラ………60

ペタペタ歩きさんのたれ尻リセット………62

セミワイドスクワット………64

+αトレ　ヒップエクステンション………68

だらり立ちデブのボンレス脚リセット………70

ニーリングツイスト………72

+αトレ　バウンドアングル………76

Column
姿勢にいい意外なプチ習慣………78

反り腰さんのねじれO脚リセット………80

バタフライ………82

+αトレ　クラムシェル………86

スマホ大好きさんの内巻き肩リセット………88

リバースプランク………90

かかとをつけてしゃがめない人のゾウさん足首リセット………94

カーフランジ………96

Column
姿勢が悪いとよく眠れない！……100

もっとボディメイク！ 上級編

くびれを生む腹斜筋を狙い撃ち！ **ラテラルプランク**……102
お尻に効く！ しかも代謝アップ！ **ワンレッグデッドリフト**……104
二の腕にも肩甲骨にも効く～★ **ダイヤモンドプッシュアップ**……106
Column
姿勢は無理に正そうとしてはダメ！……108

やせ筋を目覚めさせる プチトレ編

内転筋、鍛えておいてソンはなし！ **内ももペットボトルはさみ**……110
足首の動きをスムーズに！ **背屈(はいくつ)タオルストレッチ**……112
全身のインナーマッスルが目覚める！ **片脚バランス運動**……114
座ったまま腹筋を強化 **足浮かせ腹筋**……116
二の腕を気持ちよ～く筋トレ！ **二の腕タオル綱引き**……118
姿勢リセット週間プログラム……120
憧れボディを目指す 全身2週間プログラム……122
やせ筋トレ初心者のためのQ＆A……124
おわりに……126

基本の姿勢リセット

背中を丸める動きで背骨、骨盤、肋骨の3つをほぐします。ウエストが即サイズダウンする人も続出の効果絶大なトレーニングです。

背中を丸めて デブ姿勢を リセット

姿勢リセットの3つのポイント

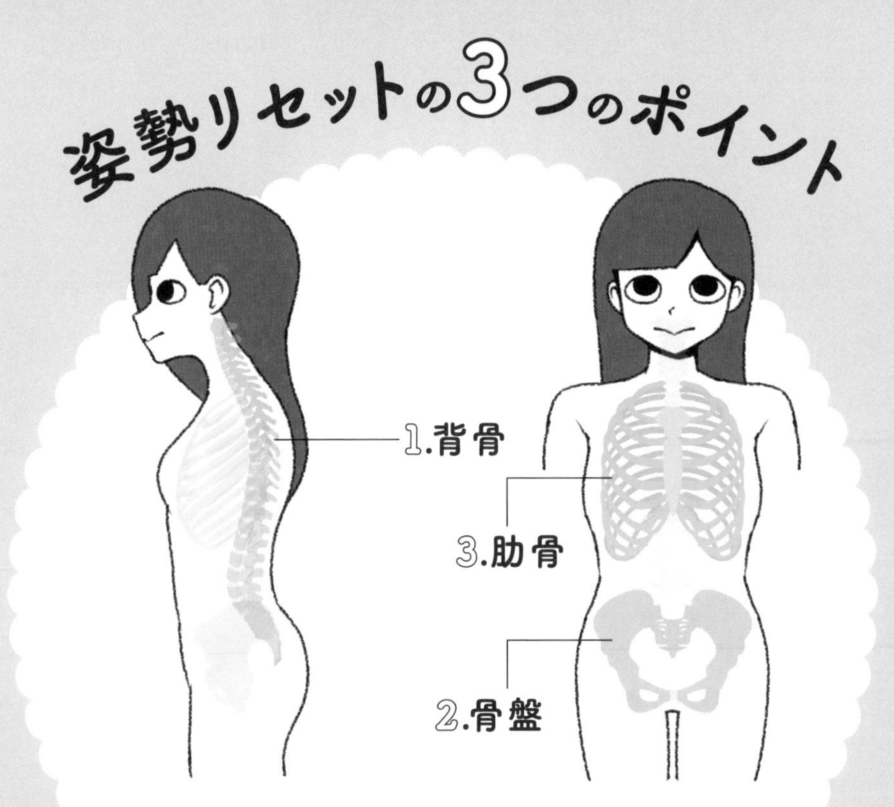

1.背骨

首からお尻にかけてS字カーブを描き、小さな積み木を重ねたような構造になっています。柔軟性を取り戻せば美しいスタイルに。

2.骨盤

上半身と下半身をつないで姿勢を安定させる役割。背中を丸めることができると、骨盤の動きをコントロールでき、ゆがみも改善します。

3.肋骨

背骨とつながる鳥かごの形をした骨。呼吸で閉じたり、開いたりします。背骨が柔軟性を取り戻すと呼吸しやすくなり正しい位置に。

デブ姿勢の「反り腰ねこ背」をリセットする土台となるのが、背中を丸めるエクササイズ！

この動きで**背骨が柔軟性を取り戻すと、腹筋をきちんと使えるようになり、骨盤も整います。**背中がやわらかくなれば呼吸もしやすくなって、**肋骨も締まります。**

背中を丸めるエクササイズは3つあります。最初にやってほしいのは、**固まった背骨をリセット**するキャット&カウ。

骨盤リセットのウォールエルボー、**肋骨リセット**のオールフォーストレッチも気持ちのよいエクササイズです。続けるうちに体が自然と正しい姿勢をとれるようになって、引き締まったボディに！

Reset point：背骨
キャット＆カウ
固まった背骨をぐいっとはがす！
〔目標回数〕
5回×1set
1
四つんばいになります。手は肩の真下、ひざは股関節の真下にくるようにね！
脚は腰幅
つま先を立てる
手首を痛めやすい人はタオルを敷いて高さを出してね
2
口から息を吐きながら、おへそを天井に突き上げるイメージでぐーっと背中を丸めていきま～す
吐き切ったところでもうひと息吐いて、さらにおへそを天井へ突き上げます！
じわじわ…
へそを天井に!!
カチカチ
限界まで吐きだす！
手で床をしっかり押す！

❷〜❹を5回繰り返します

背骨をリセットするには、背中をどれだけ丸〜くできるかが重要。特に普段あまり運動しない人は、背骨がカチカチに固まって動かせなくなっているので、丸めているつもりでも、全然丸められていないことがよくあります。

ポイントは❷で息を吐き切ったところで、お腹にぐっと力を入れて、さらに息を吐く！　そうしながらおへそを天井に突き上げることで、お腹の筋肉を使って、背中をしっかりストレッチできます。続けるうちにどんどん背骨を動かす感覚がつかめてくるはず。このエクササイズだけでも、ウエスト引き締め効果絶大です！

Cat&Cow

Q&A
もっと効かせるコツ

Q 全然キツさがわからないんだけど…

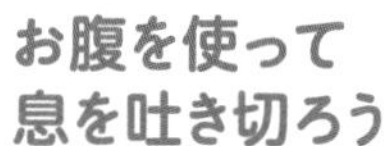

お腹を使って息を吐き切ろう

しっかり息を吐きだせていないのが原因かも。お腹の筋肉は呼吸と連動しているので、背中を丸めたときに、**これでもかというくらいお腹をへこませて**息を吐き切ってみて。お腹がツリそうなくらいが正解。

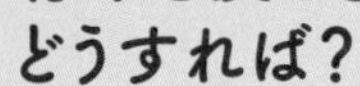

Q 背中を反ると腰が痛い! どうすれば?

❹のポーズは省略してOK!

❹のポーズをとったときに、腰に痛みを感じる人がまれにいます。**身につけてほしいのは背中を丸める動きなので無理する必要なし!** ❹はパスしてください。その場合は❸の後に❶に戻って繰り返します。

ダメ、絶対!! やりがちNGポイント

肩がすくんでいる

背中が落ちてしまっている証拠です。**床をぐっと押し返す**ことで、背中が持ち上がっていくことをイメージして。

背中の丸まりが足りない

背中がしっかり丸まらないと、**背骨はリセットされません。**お腹に力を入れておへそを天井へ突き上げて。

背中が痛いなら柔軟性の危険信号!

丸めたときに痛いなら、背中の柔軟性がかなり失われています。キャット&カウは**背中のストレッチ**にもなるので、続けるうちに痛みが減るはず。

ウォールエルボー

Reset point：骨盤

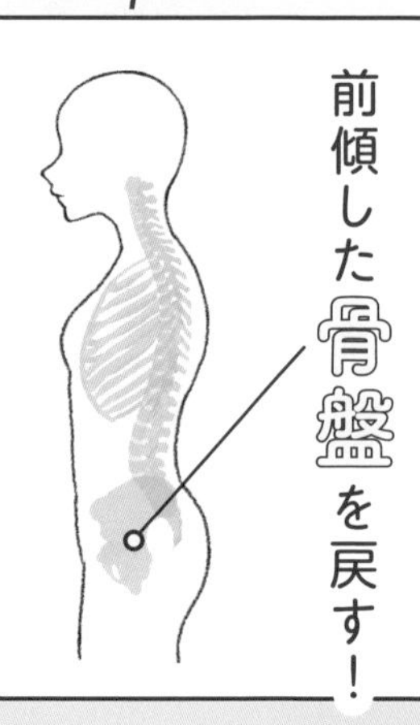

〔目標回数〕
5回×1set

2

口から息を吐きながら、お尻を突きださずにひざを曲げます

恥骨をおへそに近づける意識で、背中や腰を丸めよう！

腰の伸びを感じながら息を吐き切ったら息を止めて5秒キープ

ひたすら吐く！

カチカチ

じわじわ

お腹にぐっと力を

骨盤を後ろに傾けるイメージ

5秒キープ

お尻は突きださない

かかと重心

丁寧な呼吸を心がけながら行いましょう

ひじの間は狭く！

壁に向かってチョップするイメージで、手のひらを内側に向けます。ひじとひじの間は、肩幅よりも狭くすると、肩甲骨がきれいに開きます。

背中を丸めながら、骨盤を後ろに傾ける動きを身につけるエクササイズです。

ポイントは❷で背中下部がぐっと伸びる感じをつかむこと。お腹をしっかり使って、おへそと恥骨を限界まで近づけましょう。そして❸でお腹の力を抜かず、おへそと恥骨の距離を変えないイメージで呼吸すると、背中や腰がぐ～っと伸びるのを感じるはず。全身しっかり使うので運動効果も大きいですよ！

股の上の骨を
感じるところが
恥骨だよ

恥骨とおへその間を
縮めるイメージで

Wall Elbow

Q&A

もっと効かせるコツ

背中の伸びが感じられないけど…

息を吸うとき、お腹は固めたままでね！

❸でお腹を固めたまま息を吸うことで、背中のほうに空気が入りやすくなります。

❶お腹の力は抜かない

❷肩は常に下げる

❸ひじは肩幅より狭く

これで呼吸を繰り返すうちに、じわじわ伸びを実感できるようになるよ！

Q すねに効いている感じがしないんだけど？

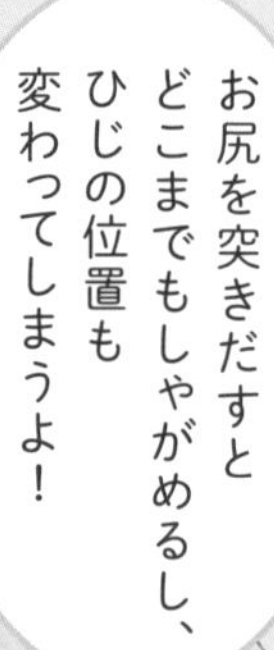

お尻を突きだしてるかも！

すねに負荷を感じないなら、お尻のポジションが間違っている可能性大。**お尻を突きだすと骨盤に効きません。**また、足首がやわらかい人は、すねの筋肉を感じにくいことも。お腹とお尻の筋肉さえ使えていれば、大丈夫！

地味に見えて…
ウォールエルボーはメリットたくさん！

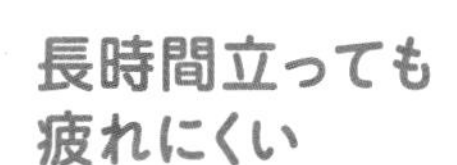

お腹や脚が
引き締まる

いろんな
エクササイズに
取り組みやすくなる

オールフォーストレッチ

ストレッチ

〔目標回数〕
片側各**1**回
×**1**set

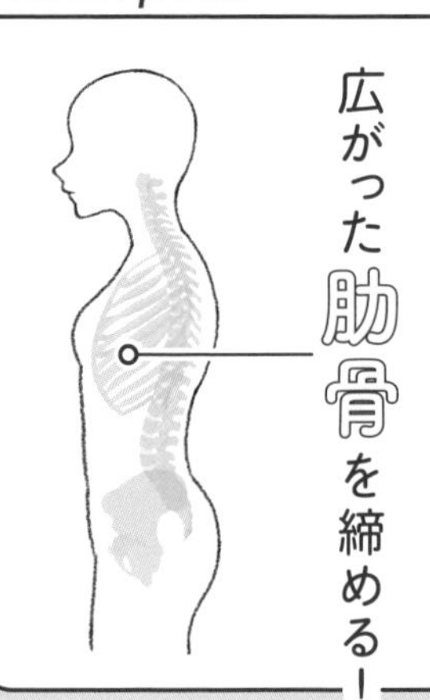

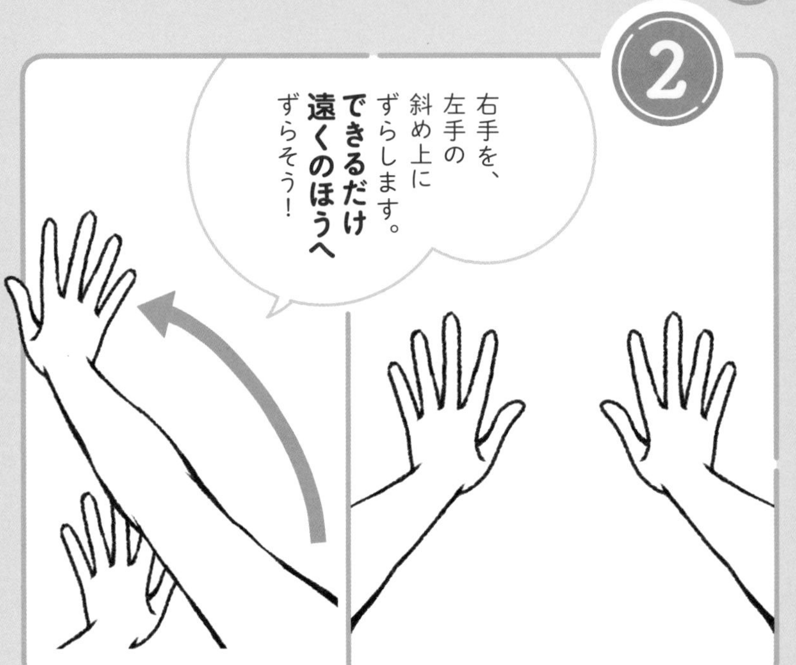

etch

反対側も❶〜❸を同様に行います

ストレッチ効果がとても高くて背中を丸めながらリラックスできるので、3つの中で私の一番好きな種目です。しっかり息を吐いて、広がった肋骨を締めて、リセットしていきましょう。

固まった肋骨をやわらかくするポイントは、❸でお腹をペタンコにしたまま深～く呼吸すること。吸ったときに、わきから横腹にかけてストレッチされるのを感じ、吐くときに締まっていくのを感じましょう。

お尻を落とせない人は、できる範囲で少しずつでOKです。

肋骨が締まると、アンダーバストがサイズダウン♡　上半身がしなやかに美しくなります。

All Fours St

もっと効かせるコツ

伸びている感じがわからない…

伸ばしている側に体重をかける

体重ののせ方を変えてみよう!

例えば右半身を伸ばしたいときは、**右のほうに体重をかける**と、伸びを感じやすくなります。**手を置く位置が遠すぎても、体全体が伸びにくくなるよ!** ちょうどいい位置を探してみてね。

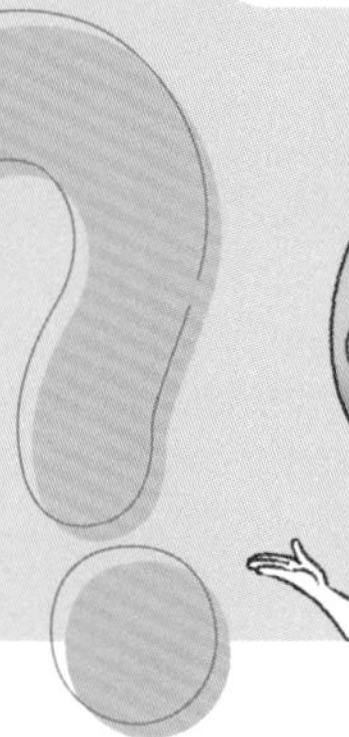

Q 伸びの実感に左右差がある…どうして?

筋肉が硬いほうがツラいはず

普段の体の使い方や、重心のかけ方にクセがあると、筋肉の柔軟性に左右差がでるよ。**硬い(伸びが悪い)側を、呼吸回数を多めにして伸ばして**あげるのがオススメ!

私も大好き♥
こんなときにもオススメ！

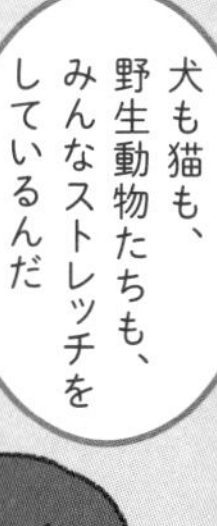

動物たちを見習ってしっかりストレッチして体を整えていこうね！

なるほど！

ストレッチって大事なんだなぁ

のびのび〜ん

Column

世界で一番
座っている時間が長い日本人

動くのが面倒くさ〜いと、椅子やソファに座ってばかり…その習慣が健康リスクを高めてしまうって知っていましたか？　**長時間座り続けると、姿勢が固まって血行が悪くなるし、筋肉もどんどん衰えて**、肥満だけでなく心筋梗塞など、命にかかわる病気になるリスクを高めてしまうというのです。WHO（世界保健機関）が、座りすぎはさまざまな病気を誘い、年間200万人の死因となっていると注意喚起しているほど。

しかも日本人が1日に座っている時間は、世界20ヶ国中、最も長い7時間！　スマホやPCの影響で、今後もさらに長くなるのではないでしょうか。

週末に運動しているから大丈夫と思うのは×。とはいえ平日はなかなか運動する時間が取れないもの。「長時間動かないで座りっぱなし」の状態がよくないので、本書のストレッチなどで**仕事や作業の合間に少しだけでも体を動かす習慣をつける**ように意識しよう！

[世界20ヶ国・地域の平日の総座位時間]

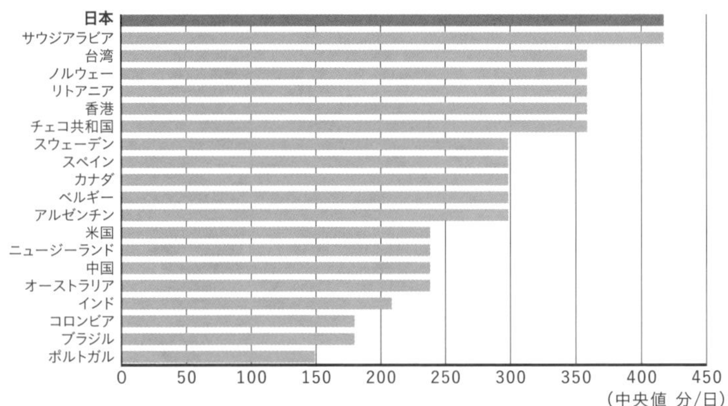

グラフはオーストラリアの研究機関が、世界20ヶ国・地域の成人の平日の総座位時間を調査した結果（出典：Bauman et al.Am J Prev Med,2011）

バチ!バチッ
デブ姿勢別の
部分やせ編
毎日の習慣が生むさまざまなデブ姿勢。
怠けたやせ筋を目覚めさせて
姿勢リセットとパーツの引き締めを
一度に実現★

座りっぱなしさんの がっちり太もも リセット

いや、わかってるんだけどね。
運動したほうがいいって。
でもまあ、明日からでいいかな…
え？　太ももの後ろ　なんて、
長年見てない　けど。
ここに筋肉なんて　あるの？

TARGET

ハムストリングス
（裏もも）

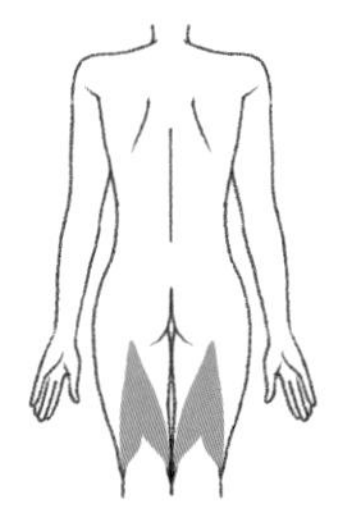

大腿直筋
（前もも）

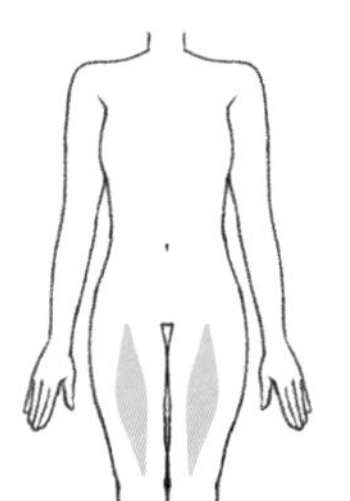

裏ももを目覚めさせる！

　会社ではデスクワーク、家ではソファ…。座りっぱなしの生活は、たくましい太もも、ひざの上にお肉がたっぷり…といった下半身太りに直結します。ケアしないと、前ももの筋肉が過剰に働いて骨盤を引っぱって、反り腰が悪化！　ますます下半身が太くなってしまいます。

　前ももの働きすぎを抑えてバランスをとるために、裏もものやせ筋の「ハムストリングス」を目覚めさせましょう。横から見た脚のラインがすっきりスリムになりますよ！

こんな人にオススメ

- ○前ももが張っている
- ○ハイヒールをよく履く
- ○子供時代に重いランドセルを背負ってた

スロープブリッジ

裏ももを鍛えて太ももスリム★

TARGET：ハムストリングス

〔目標回数〕
20回×3set
〔インターバル〕
1分

1

あお向けになり、椅子や台の上などにかかとをのせます
脚は腰幅くらいに開くよ！

つま先は上に

90°くらい

手のひらは上に向ける

2

かかとに重心をかけながら、お尻を**ゆっくりと**持ち上げていきま～す

太ももの裏側が使われていることを感じながら、高い位置で3秒キープ

お尻を高く上げすぎると前ももに力が入っちゃうので注意！

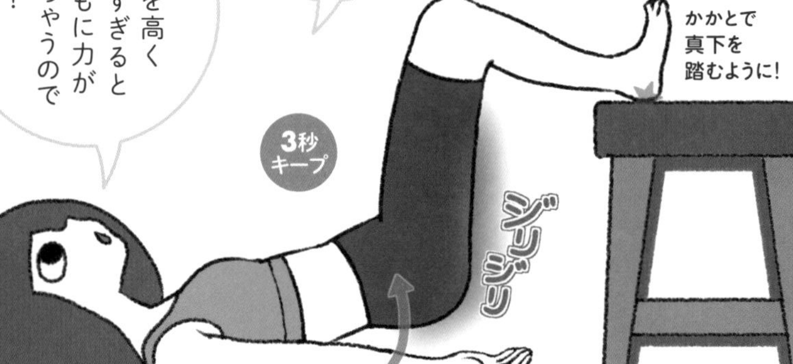

肩甲骨は床につけたまま

お尻はギリギリ床につけない!

❷❸を20回、インターバルを1分はさんで、3セット繰り返します

脚のラインを整えるのに欠かせない筋肉です♥

ハムストリングスは、外側に1本、内側に2本の、計3本でできています。特に、内側は衰えやすく怠けがちな部位なので、しっかりと鍛えて目覚めさせてあげましょう。

こんなやり方も!

つま先を内側に向けて行うと、ハムストリングスの内側に効きやすくなります

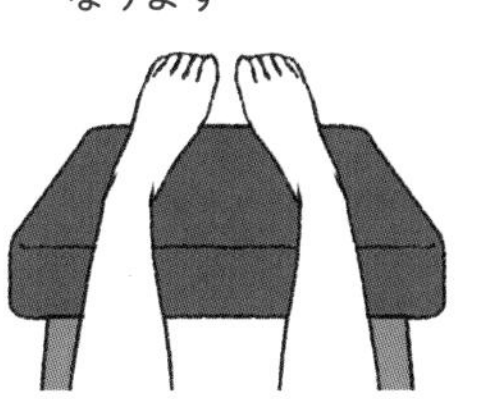

さぼりがちなハムストリングスを目覚めさせるポイントは、かかとに重心をおいて、お尻を「20㎝くらい」上げること。ひざ裏からハムストリングスにかけて、ジワジワくるポイントを見つけられたら正解です。

効かせようと、肩甲骨が床から離れるほどお尻を上げてしまうと、前ももなど余計なところに負荷が入ってしまうので注意して！　また、無意識のうちに手で床を押して体を支えてしまいがちなので、手のひらを天井に向けて、上半身から力を抜いて行いましょう。

きちんとできると、裏ももはかなりキツいはず！

Q&A
もっと効かせるコツ

Q 天井につま先を向けると変に力が入ってやりにくいんだけど…

つま先は寝かせてもOK

裏ももに効かせるために、**かかとでしっかり踏ん張ることが大切**なので、それを意識することができていれば、つま先は自然に寝かせてもOK！
ただし、**つま先だけで踏ん張らない**ように気をつけてね。

Q 腰が痛くなったり、前ももに効いている気がします

お尻を上げすぎないように

脚の力を抜いてかかとにだけ重心をかけると、**お尻を床から軽く浮かせるだけ**で裏ももに効くはず。お尻を上げすぎて腰が反れてしまうと、前ももに効いてしまうだけでなく、反り腰や、腰痛の原因にもなるので注意！

ダメ、絶対!! やりがちNGポイント

かかとがずれる

お尻を持ち上げるとき斜め方向に踏み込んだりすると、かかとの位置がずれたり、椅子が動いてしまいます。

お尻を上げすぎ

腰が痛くなったり、前ももに効きやすくなってしまいます。

足場がやわらかすぎる

ベッドやソファなどを足場にすると、バランスがとりづらくなって、余計な箇所の筋肉に負荷がかかってしまうことが。

慣れてきたら

片脚を浮かせて！

慣れてきたら、支える脚を片脚にして負荷をアップしよう。持ち上がりにくいほうの脚を多く行って、バランスよく鍛えてね。

さらに効果up!
+αトレ

前ももを気持ちよ〜くのび〜ん!

ハーフフロッグ ストレッチ

〔目標回数〕
片側各30秒×1set

TARGET：大腿直筋

1

うつ伏せになります。
上半身はラクにして、
顔の下にクッションなどを置いてもOK

2

左手で左脚をつかみ、
かかとをお尻のほうに引き寄せます。
太ももの前側が**気持ちよ〜く伸びる**のを
感じながら、30秒キープ

右脚でも❶❷を同様に行います。左右1セットずつでOK

Half Frog

座りっぱなし生活で縮こまりがちな前ももの筋肉を、気持ちよ〜くゆるめましょう。
手で脚をつかめない人は、フェイスタオルを足首にひっかけてやってみて。
体がやわらかい人は伸びを感じにくいので、“もっと効かせるコツ”のように
ひざを浮かせるのがコツ。呼吸は止めずにリラックスして行いましょう。
スロープブリッジとセットで行うと、美脚効果がぐんとアップ！

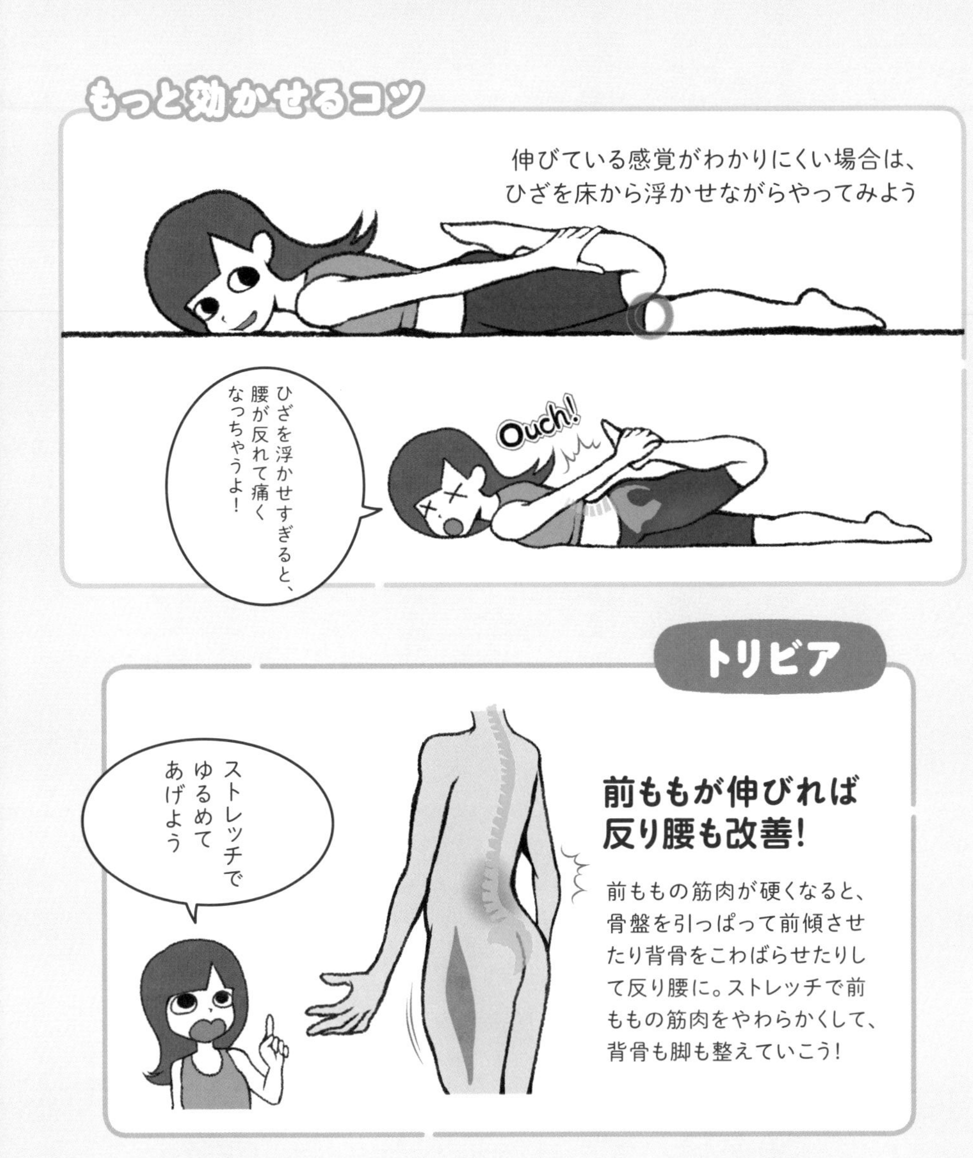

前ももが伸びれば反り腰も改善！

前ももの筋肉が硬くなると、骨盤を引っぱって前傾させたり背骨をこわばらせたりして反り腰に。ストレッチで前ももの筋肉をやわらかくして、背骨も脚も整えていこう！

腰が痛くなりやすい人の ぽっこり下腹リセット

電車の座席取りレース、
恥ずかしいけど意外に本気です。
だって最近立ってると、ほんと腰が
ツラくて…。あ、前に座ってる人、
私のぽっこり下腹見てる？
引っ込めないと(汗)！ なにこの腰痛と下腹、
関係あるってほんとですか？

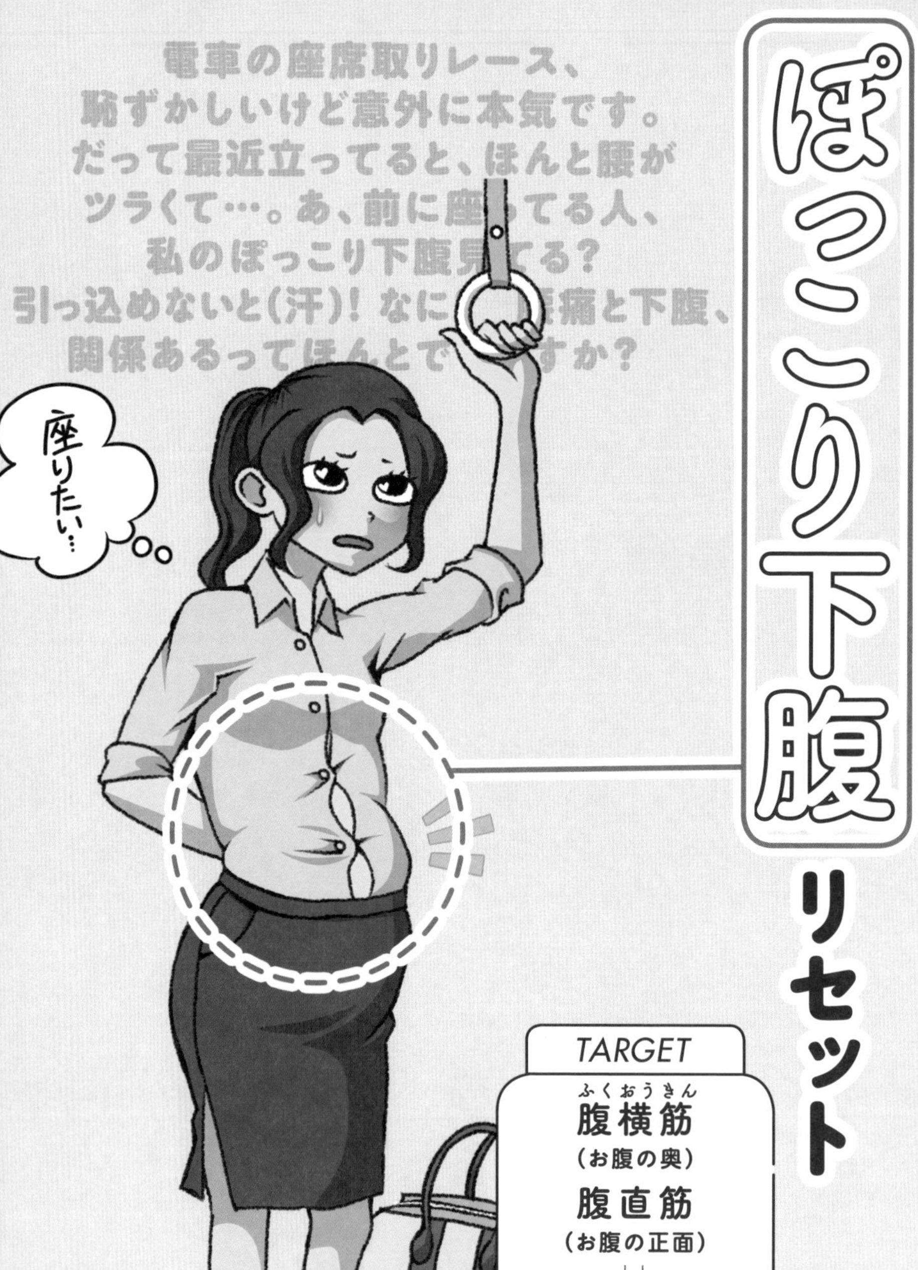

TARGET

腹横筋(ふくおうきん)
（お腹の奥）

腹直筋
（お腹の正面）

腹筋に“活”を入れる

腹筋がしっかり働かないと、背骨に大きな負担がかかり、腰痛持ちになりがち。それだけでなく、内臓を支えきれずに、だら〜んと下がってきて、下腹がぽっこり…。腰痛と下腹ぽっこりには深い関係があるのです。

天然のコルセットといわれるのが、お腹の奥の「腹横筋」。ここを目覚めさせれば下腹が引き締まって、背骨をしっかり支えることができるので、腰への負担も軽減します。姿勢もよくなり、内臓も元の位置に引き上げられてメリハリボディに！

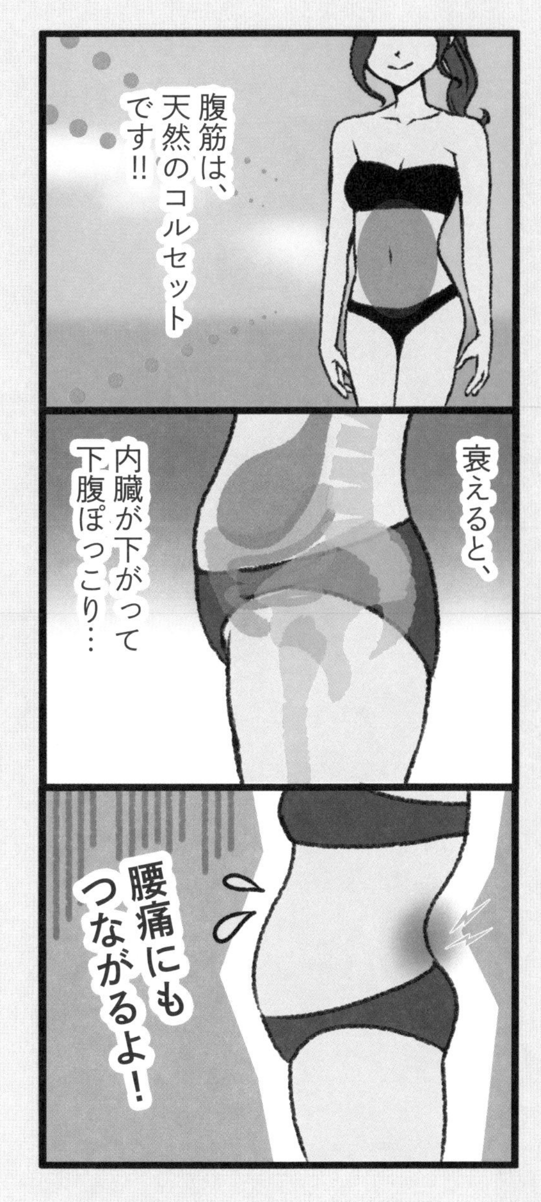

こんな人にオススメ

○腰が痛くなりやすい

○胃下垂・内臓下垂

○椅子に浅く座って背もたれに寄りかかるのが好き

バイシクルデッドバグ

腹筋集中でペタンコお腹に！

TARGET：腹横筋・腹直筋

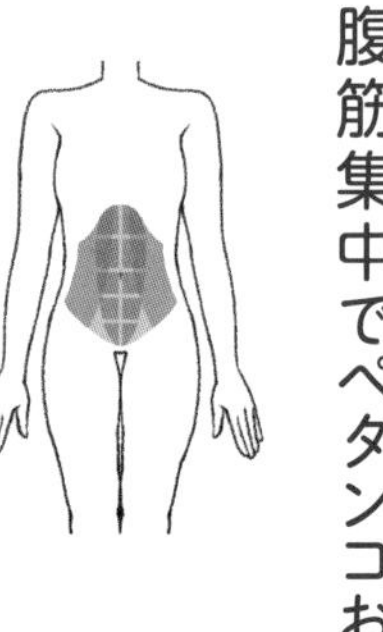

〔目標回数〕
左右合計
10回×3set
〔インターバル〕
1分

1

あお向けに寝転がって、脚を宙に浮かせ**手を肋骨の上**に置きま～す

おへそを床に近づけるようにお腹に力を入れてスタンバイ！

腰を反らさない

2

口からゆっくり息を吐きながら、3秒かけて右脚を伸ばしていくよ

脚は床につけず、お腹の力で支えてね。最も伸びたところで息を止めて、2秒キープ

息を吐くときに**肋骨が締まっていく**のを感じよう

脚は完全に下ろさずお腹で支えられる範囲で

腰が浮かないようお腹で踏ん張る！

d Bug

❶〜❹を繰り返して左右合計で10回、インターバルを1分はさんで、3セット繰り返します

お腹のインナーマッスルである腹横筋は、呼吸を使って鍛えます。

ポイントはお腹で脚を支えること。❷で床から腰が浮かない範囲で脚を伸ばしてキープしましょう。肋骨を締めるように息をしっかり吐き切ると、お腹に力が入りやすくなって、脚を支える感覚がわかるはず！

腰が床から浮いてしまうと、負荷が抜けるだけでなく、腰も痛めてしまいます。

腹横筋だけでなく腹直筋も使うので、腹筋の強い私にとってもキツい種目です。2セット目から腹横筋にビリビリくるのを実感します！　呼吸の効果で、脂肪燃焼効果も♡

Q&A

もっと効かせるコツ

Q お腹の力、使えてるのかな？いまいち不安…

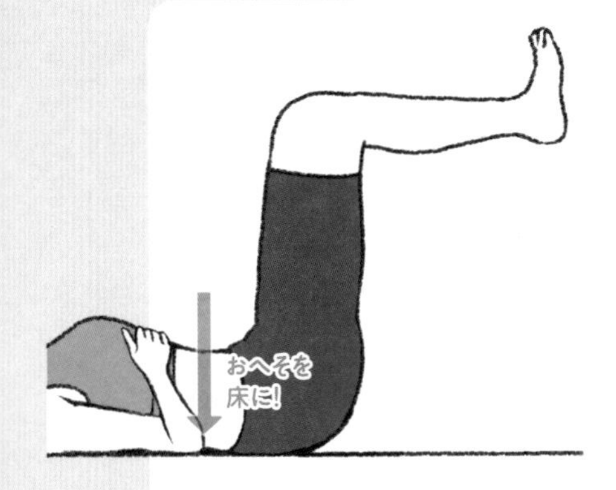

おへそのポジションを意識して!

脚を上げ下げすることだけに集中すると、お腹がうまく使えません。**おへそを床に押しつけるイメージ**を持って行うと、❶の時点ですでに腹筋を感じられるはず。とにかく、おへそを意識して、腰と床の隙間を埋めよう♪

トリビア

肋骨に触れて呼吸すると締まる感覚がつかめるよ

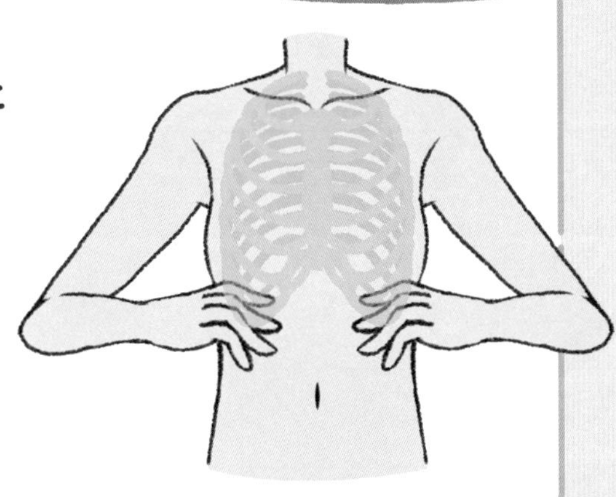

やせていてもお腹がでていたり、アンダーバストが太い人は、肋骨が広がってしまっているのかも。バイシクルデッドバグでは手を肋骨に置いて行うから、息を吐きだすときに、肋骨が締まっていく感覚をつかめるよ!

慣れてきたら

手を一緒に動かすバージョンにトライ！

1

あお向けに寝転がり、
ひざを浮かせて
前へならえをします

手足を同時に動かすスタンダードな「デッドバグ」のやり方だよ！

息を吐きだしながら、右手をバンザイ、
左脚を伸ばしていきます。
**手と脚は床に完全につけず、
お腹の力で支えられる範囲まで！**

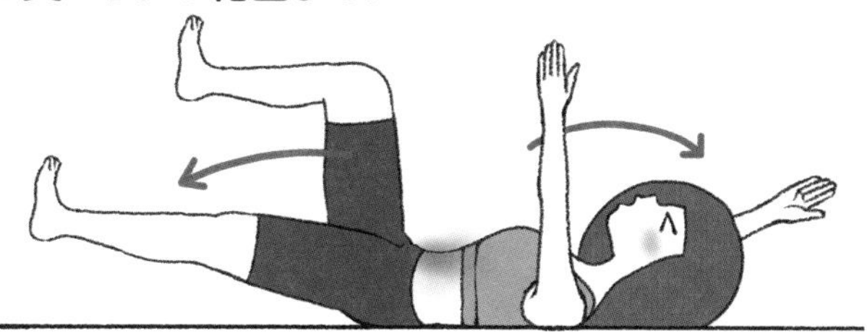

3

息を吸いながら
スタートポジションに
戻ってね

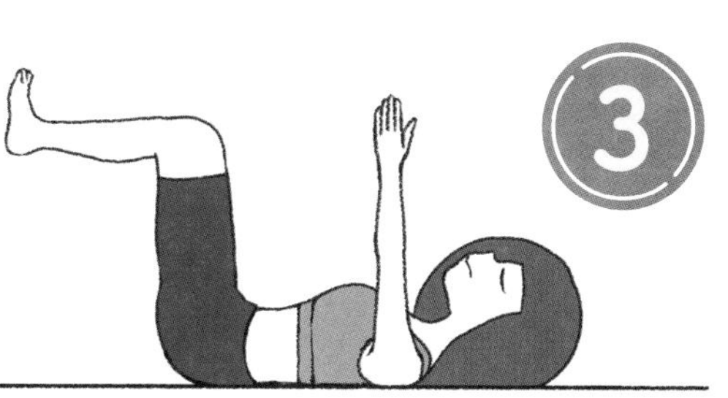

今度は反対側を。
息を吐きながら手と脚を伸ばして、
吸いながら❶に戻ります

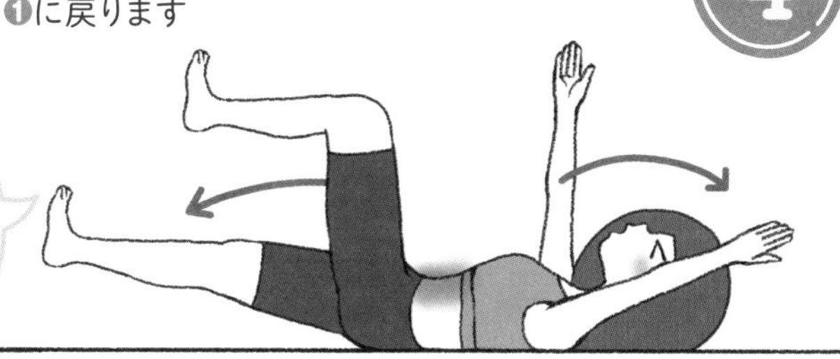

脳トレや認知症の対策にもなるよ★

❶〜❹を10回（左右合計で20回）、インターバルを30秒はさんで、2セット繰り返します

さらに効果up!
+αトレ

縦割り腹筋を手に入れる!
ニータッチクランチ

〔目標回数〕**10回×3set**

〔インターバル〕**1分**

TARGET：腹直筋

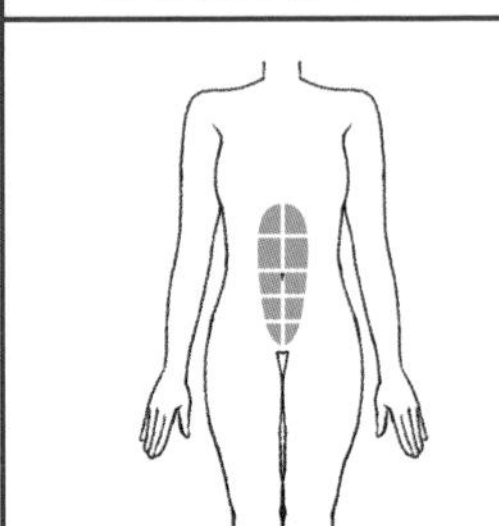

あお向けに寝転がり、
両ひざを立てます。
ひざの間は腰幅くらいに

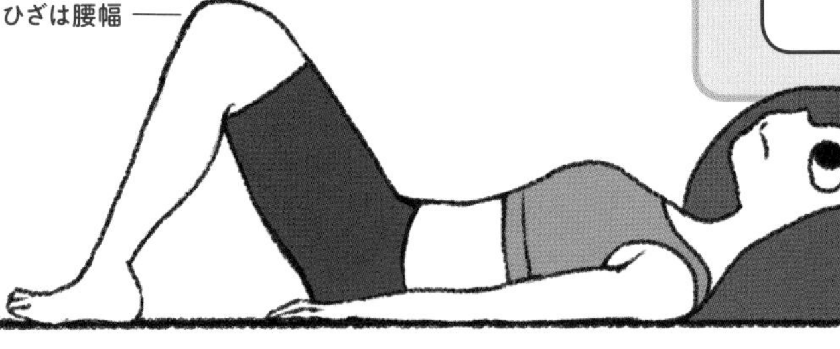

2

口からフーッと息を吐きながら**お腹に力を入れ、**
背中を丸めて両ひざをタッチします。
そのまま息を止めて1秒キープ

起き上がるのではなく、ダンゴムシになったつもりで小さく丸まるのがポイント!

上体は起こしすぎず、
肩甲骨が床から浮くくらいでOK

Knee Touch Crunch

お腹の正面にある、腹直筋を鍛えるトレーニング。
しなやかで女性らしい縦割り腹筋を作り、下腹引き締め効果もアップ！
肩甲骨を床から少し浮かせるだけで、お腹にしっかり効きますよ！
首の前の筋肉を使わないようにあごはしっかり引いて行ってね。

3

3秒かけてゆっくりと元のポジションへ戻ります。
このときも**お腹から力を抜かず**に、鼻から息を吸います

背中が床についたら、
またすぐにひざを
タッチしていきます

❷❸を10回、インターバルを1分はさんで、3セット繰り返します

息切れしやすい人の ずんどう リセット

TARGET

腹斜筋
（ウエストまわり）

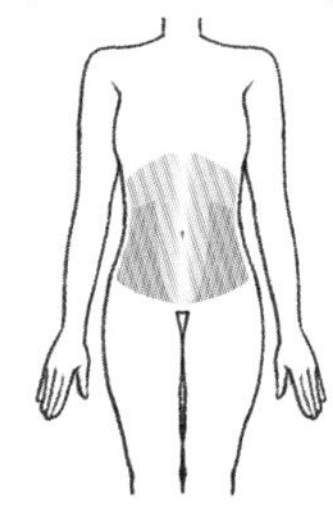

呼吸+腹斜筋でスイッチオン

呼吸とウエストのくびれには、実は大きな関係があります。

肋骨は息を吸うときに開いて、吐くときに締まります。ところが現代人は、吸う意識ばかり強くて、うまく吐けない人が多く、肋骨が開きっぱなしの状態に…。するとくびれのない、ずんどう体型一直線！　息切れしやすいのもこれが一因です。

くびれを作るわき腹の「腹斜筋」にアプローチしながら、吐く意識をつけていくトレーニングで、肋骨を引き締めつつ理想のくびれをゲットしましょう。

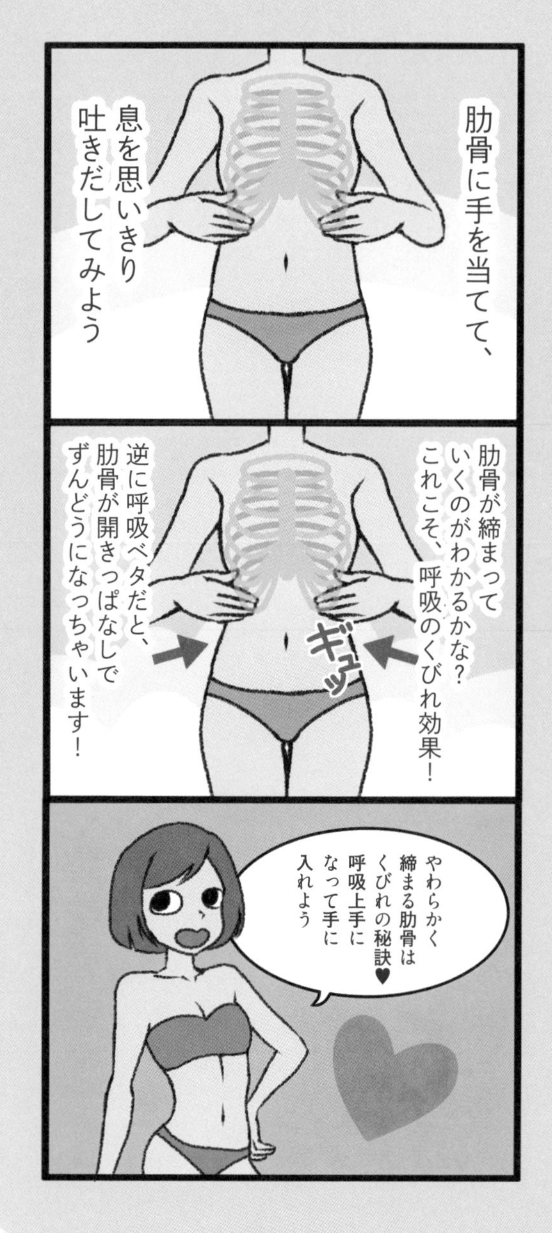

こんな人にオススメ

- ○息を吸いすぎている
- ○息切れしやすい
- ○カラオケでロングトーンが伸びない

レッグツイスト

くびれ作りの必須種目！

TARGET：腹斜筋

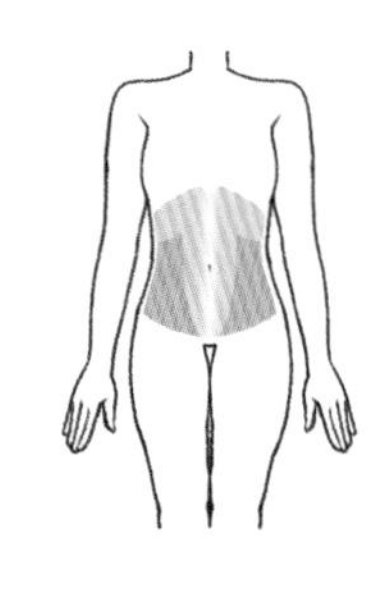

〔目標回数〕
20回×3set
〔インターバル〕
1分

1

2

両ひざを右に倒すと、
左の外腹斜筋と、右の内腹斜筋が収縮して、
右の外腹斜筋と左の内腹斜筋がストレッチされます。
わき腹にキテる感覚があればOK！

❶〜❹を10回（左右合わせて20回分）、インターバルを1分はさんで、3セット繰り返します

やりがちなのが、下半身を「ひねる」ことに意識が向いてしまって、腹筋に力が入らないこと。

「ひねる」のではなく、両脚を「倒し」、お腹の力を使って倒れないように踏ん張りましょう。両手を上に伸ばすことで体幹がぶれにくくなるので、わき腹の腹斜筋にじわじわ負荷を感じられるようになります。

キツくなってくると、すばやく動かそうとしがちですが、腹斜筋に効かないだけでなく、腰を痛める原因になるので×。

この筋トレ後に、基本のオールフォーストレッチ（P30）でリラックスすると、肋骨のリセット効果がよりアップします！

Leg Twist

もっと効かせるコツ

Q しっかりひねっているのに、全然わき腹に効かない…

ひねってしまうと、むしろお腹から力が抜けてしまいます。エクササイズのときに意識するのは、**「お腹に力を入れること」が最優先**。そしてできるだけゆっくり脚を倒してみて。だんだんわき腹に効いてくるはず★

ダメ、絶対!!

やりがちNGポイント

脚を完全に倒している

しっかりお腹に力を入れられていれば、**そこまで倒すことはできないはず**。伸ばした手でバランスをとりながら、わき腹の力で脚を支えましょう!

トリビア

わき腹の筋肉は伸び縮みが一度に実感できる!

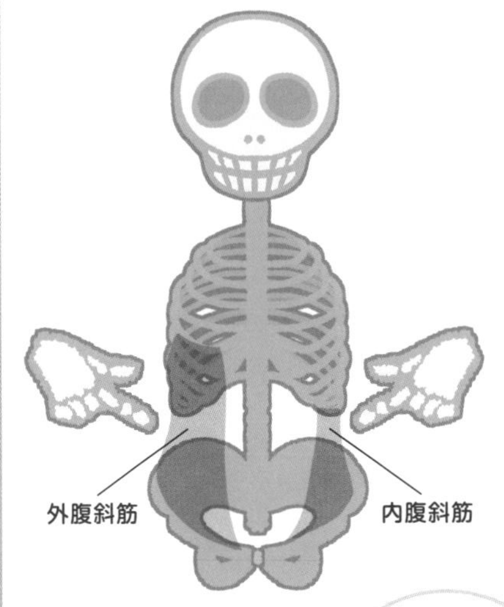

くびれを作るなら腹斜筋だよ! 実は表面にある「外腹斜筋」と、その奥にある「内腹斜筋」があり、たとえば、上半身を右へひねると、右の外腹斜筋は伸びて、内腹斜筋は収縮します。同じ側の筋肉なのに、内側と外側で伸びと縮みが一度に起こる珍しい部位です。鍛えるとくびれだけでなく、肋骨、背骨、骨盤を本来の位置へと導く効果も。

慣れてきたら

ラテラルプランクに挑戦!

サイドプランクとも呼ばれ、負荷が高い上級者向けの腹斜筋トレーニングです。最初はバランスがとりにくいかもしれないけど、腹斜筋が強くなれば姿勢もピタッと決まります。(P102参照)

さらに効果up!
+αトレ

即効でくびれ作り!
クロスタッチクランチ

〔目標回数〕片側各10回×2set

〔インターバル〕1分

TARGET:腹直筋・腹斜筋

1

あお向けに寝転がって**かかとを椅子や台の上**にのせます。
左手は前へならえ、
右手は頭の後ろに置きます

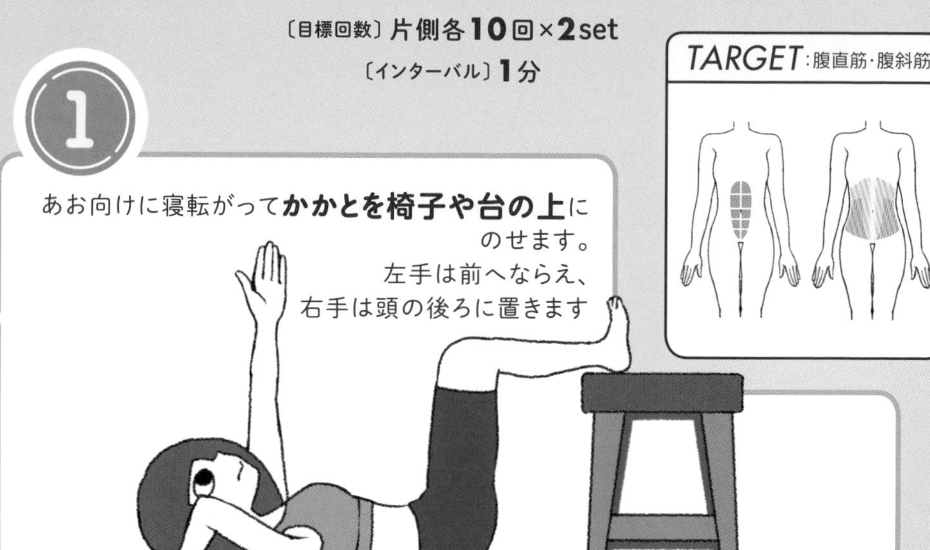

2

口から息を吐きながら、2秒かけて体を起こし、
同時に右脚を伸ばし、
左手で右のつま先を触るつもりで
体をひねります

Cross Touch Crunch

体を起こすことで腹直筋に、ひねることで腹斜筋に効きます。
お腹全体に効くのでくびれ効果は絶大!
体を起こすときも、元に戻すときもお腹の力は抜かないこと。
どうしても頭が持ち上がらない人は、
軽く上半身を浮かせてわき腹への刺激を感じるだけでもOKです。

❷～❸を10回、インターバルを1分はさんで、2セット繰り返します。反対側も同様に行います

Column

座り方○×エトセトラ

意外!? 実は体にいいヤンキー座り

不良だけど、かかとがつくから不良姿勢じゃない

あぁん？

背中座り、腹筋が全然使えてないよ！

ラクだからって脚組み座り。ダメなのはわかっているでしょ

体のゆがみがどんどんひどく！

かわいい女の子座り
実は女子力低下中よ
X脚、O脚に
なっちゃうよ
正座は背すじが
伸びやすいけど、
足首がねじれやすい
のが盲点
足首が
動きにくく
なる！
背中の隙間は
腰痛の敵！
クッションをはさむべし
腰が支えられて、
負担軽減！

ペタペタ歩きさんの たれ尻 リセット

歩幅が狭くてペタペタ歩き…
実はコンプレックス。意識して直しても、
すぐ忘れて戻っちゃうんだよね。
あれ、後ろ姿が老けて見える？
お尻だって、たれちゃってて、
もうサイアク！ どうしたらいい？

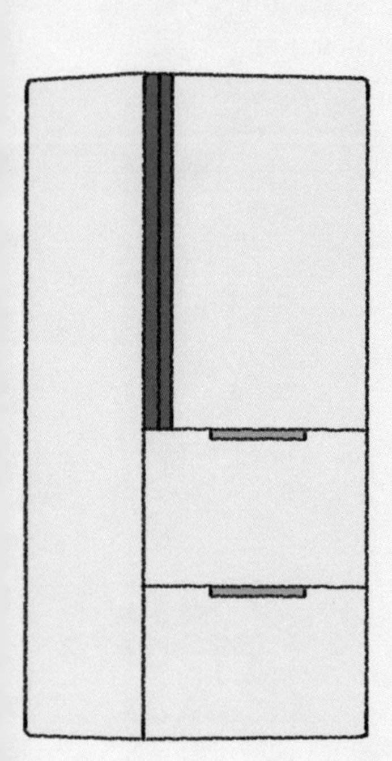

大殿筋
（お尻全体）

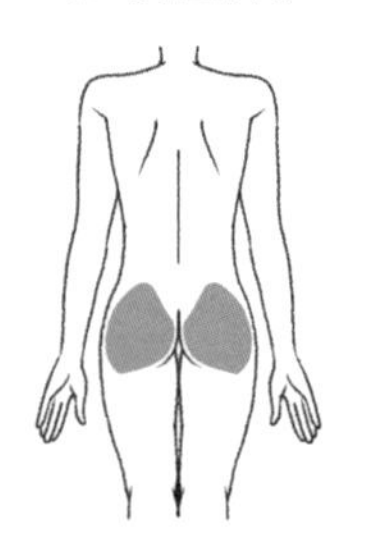

怠けたお尻をリセット!

　脚をしっかり後ろに蹴りだせずに、ペンギンのようなペタペタ歩きになってしまうのは、お尻の筋肉が怠けてうまく使えていないから。お尻はだらんとたれ下がって、ペタンコ尻に。後ろ姿も一気に老け込んでしまいます。

　お尻の筋肉の「大殿筋」を目覚めさせてあげれば、お尻を正しく使えて、きれいに歩けるようになります。まあるい、プリッとした上向きのお尻に変身!　歩くときも脚に余計な負担がかからずほっそり、効率よく歩けるので疲れにくくなります。

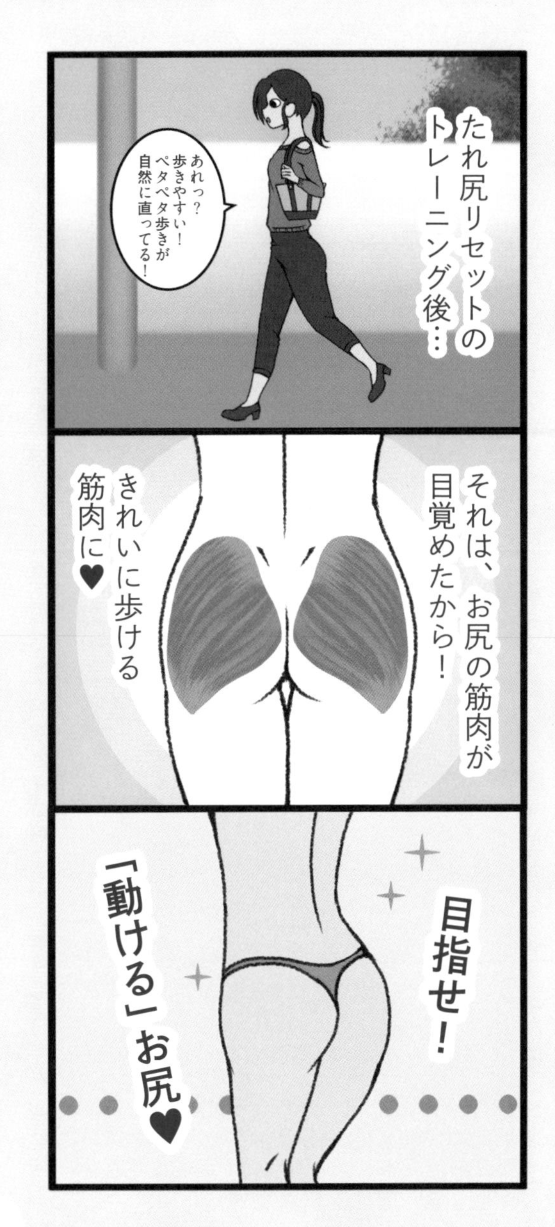

こんな人にオススメ

- ○狭い歩幅でペタペタ歩く
- ○階段を上るときもお尻が感じられない
- ○スキニーパンツやタイトスカートが似合わない

セミワイドスクワット

お尻が目覚めてぐいっとアップ！

TARGET：大殿筋

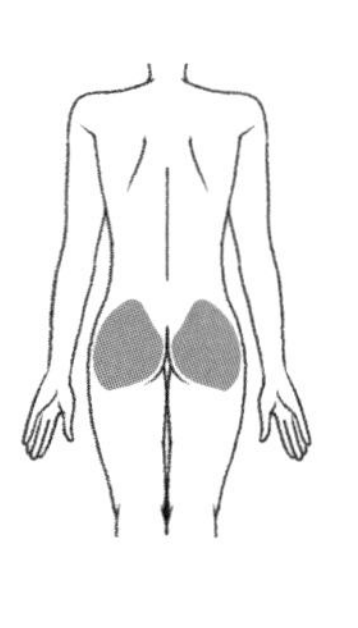

〔目標回数〕
10回×2set
〔インターバル〕
1〜3分

1

脚を肩幅より少し広めにして立って**つま先を外側45度**くらいに向けます

手はバランスをとりやすいように前へならえ！

手は前へならえ

肩幅より少し広め

2

お尻を後ろへ引くようにしながら、3秒かけてお尻がひざの高さになるように腰を落としていこう

お尻に重点的にジリジリくれば正解！

腰は反らさず、まっすぐに！

ジリジリ

3秒かけて

お尻はひざと同じくらいの高さに

ひざはつま先と同じラインに

かかと重心

ひざが内側に入らないように

ビリビリ

Squat

❷❸を10回、インターバルを1～3分はさんで、2セット繰り返します

POINT!!

お尻は突きだすのではなく後ろに引くイメージ！　突きだそうとすると腰が反れてしまうので、背中をまっすぐにした状態で**お辞儀しよう**。

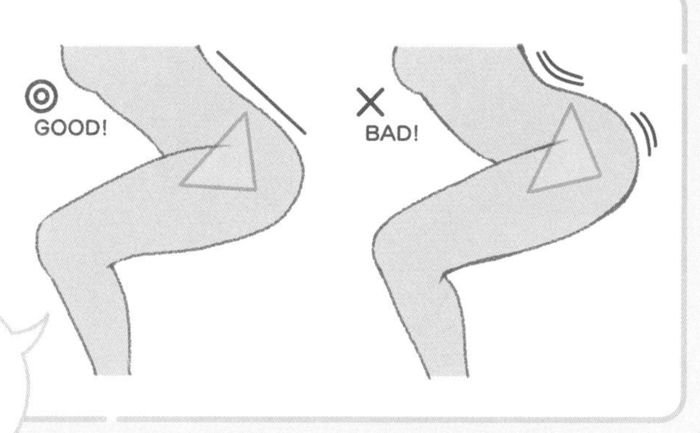

おへそに力を入れると腰が反れにくい！

筋トレの定番、スクワット。脚幅をやや広くすることで、よりお尻に集中して効かせます。

ポイントは、かかと重心にすることと、お尻をひざの高さまでしっかり落とすこと。お辞儀をしながらお尻を斜め下に引っぱる意識で、大殿筋にテンションをかけましょう。両手をぐっと前にだすと、バランスがとりやすくなります。正しいフォームで行えば、内転筋にも効き、ヒップアップ&美脚効果が。初心者なら、1セットでも汗がでてくるはずです！　ちなみに、脚を肩幅の2倍に広げたワイドスクワットだと、お尻より内転筋メインに効きます。

Q&A
もっと効かせるコツ

Q 前ももに効いちゃう…私のやり方、間違っている？

ひざの向きに注意して！

前ももに多少効いていても、お尻や裏ももにメインに効いていれば正解！　**ひざが内側に入らないように**しながらお尻を後ろに引くと、前ももへの負担が減ります。P42のハーフフロッグで前ももの筋肉をストレッチするのもオススメ。

Q スクワットをすると、ひざが痛い！どうしたらいい？

股関節や足首をやわらかくしよう

しゃがんだり立ったりする動きをスムーズに行うには、**股関節、ひざ、足首の3つの関節が均等に動く**ことが大切。P76のバウンドアングル、P96のカーフランジのストレッチで股関節や足首の動きをよくして、**ひざにかかる負担を分散**させよう。

立ったときの理想的な重心のかけ方

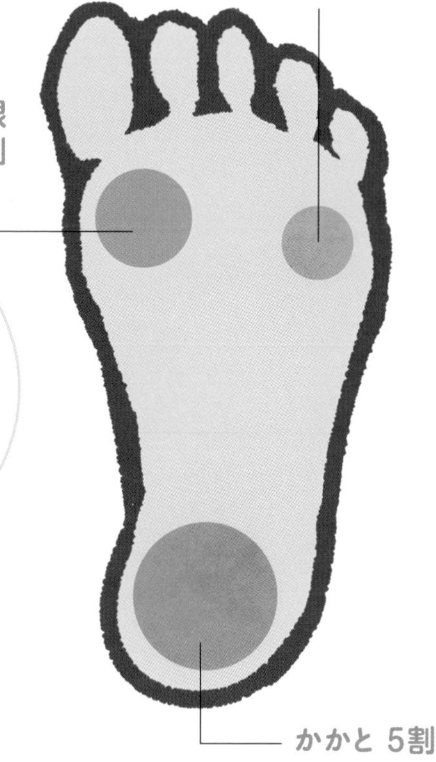

かかと重心を意識すると、前ももに力が入ったり、グラグラ揺れて転びそうになったりしてしまう人は

「かかとだけ」に重心をかけるのではなく、**「かかとメイン」**で重心をかけるイメージを持ってみてね

プリ尻女子は、この3点重心が得意なのだ！

腕に力を入れず下から支えて持ってね

重りをプラス！

慣れてきたら、ダンベルを持って負荷をかけます。ダンベルがないときは、水の入ったペットボトルなどの重りをバッグに入れて持ち、負荷を高めていこう★

さらに効果up!
+αトレ

お尻だけに一点集中!
ヒップエクステンション

〔目標回数〕片側各20回×3set

〔インターバル〕1分

TARGET:大殿筋

1

手は肩の真下、ひざは骨盤の真下になるように
四つんばいになります

2

手とひざでしっかりと床を押しながら、
左脚で**遠くを蹴るようなイメージ**でひざを伸ばしていきます。
お尻と裏ももに効いてるはず!

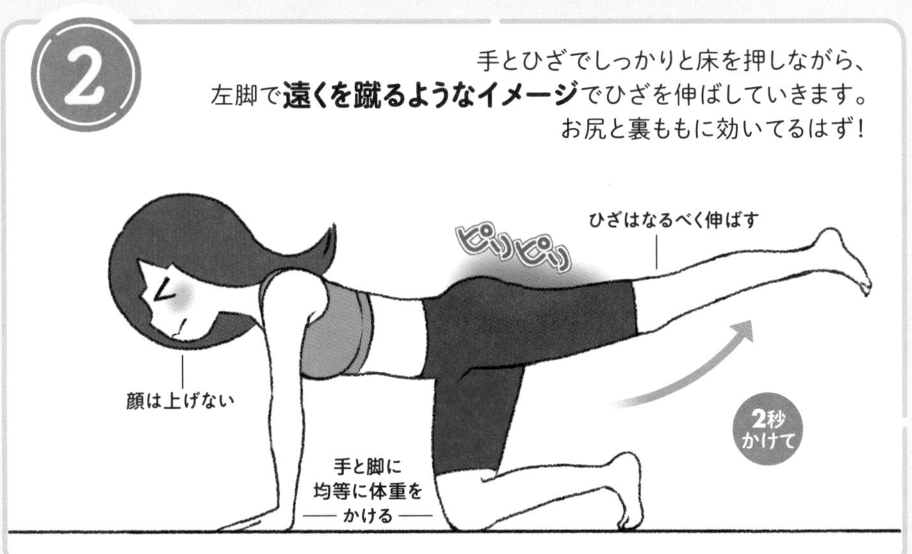

Hip Extension

お尻を鍛える自宅トレーニングの定番です。
スクワットは下半身全体を狙うけど、これはお尻だけにフォーカス。
お尻に効かせるには、❷で脚を遠くに伸ばすイメージが大切。
足だけに体重をのせるのではなく、両手でしっかり体を支えないと前ももに
効いてしまいます。顔を上げると腰が反れてしまうので注意してください。

3

蹴りだした脚を、**4秒かけて**下ろします。
負荷が抜けないように床にはつけないでね!

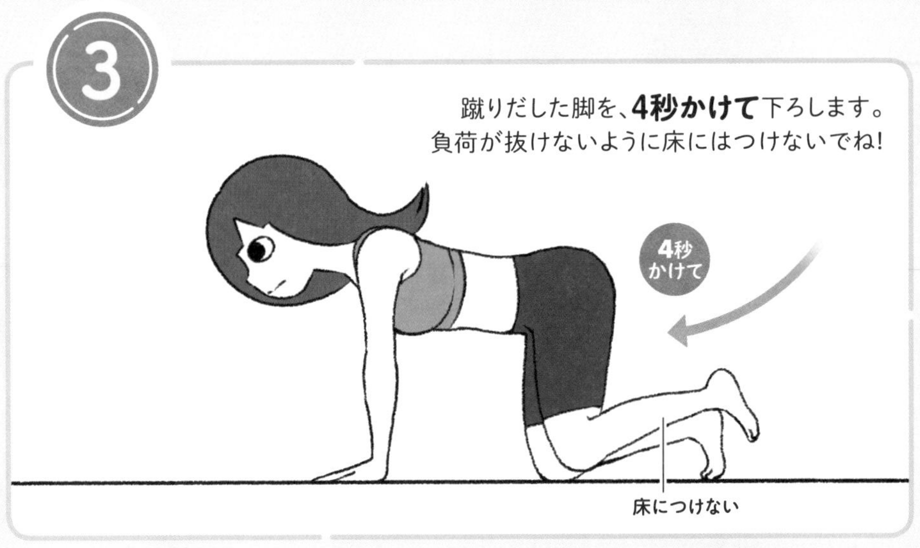

❷❸を20回、インターバルを1分はさんで、3セット繰り返します。右脚も同様に行います。

こんなやり方も!

❷のようにまっすぐ蹴りだすと、お尻・裏ももの広範囲に効かせられます。また、天井に向かって、高く蹴り上げるようにすると、お尻の上部に集中的に効くよ! 両方行うと、さらに美ヒップに♥

だらり立ちデブの ボンレス脚 リセット

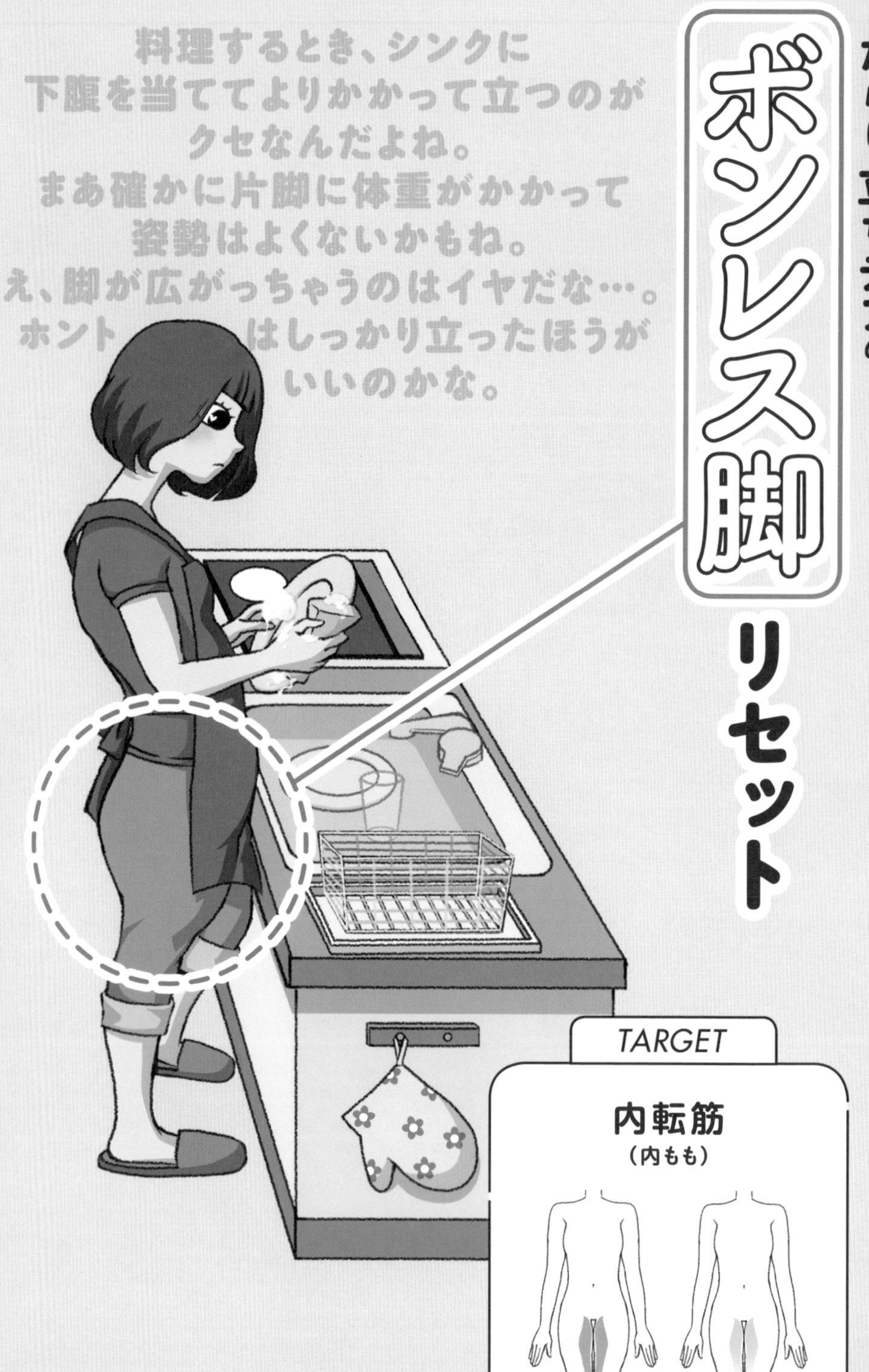

内もも、スイッチオン！

　シンクに腰を押しつけただらしない立ち方…こんな人に多いのが外側重心。太ももの前や外側の筋肉が働きすぎている状態です。こうなると、両太ももの骨が付け根から外側に引っぱられ、太ももが外側にだらしなく広がったボンレス脚状態に！

　内ももの「内転筋」のスイッチを入れれば、外ももへの負担が減り、外側重心も改善されます。せりでていた外ももが収まり、まっすぐでスラリとした脚になり、立ち姿もきれいに！

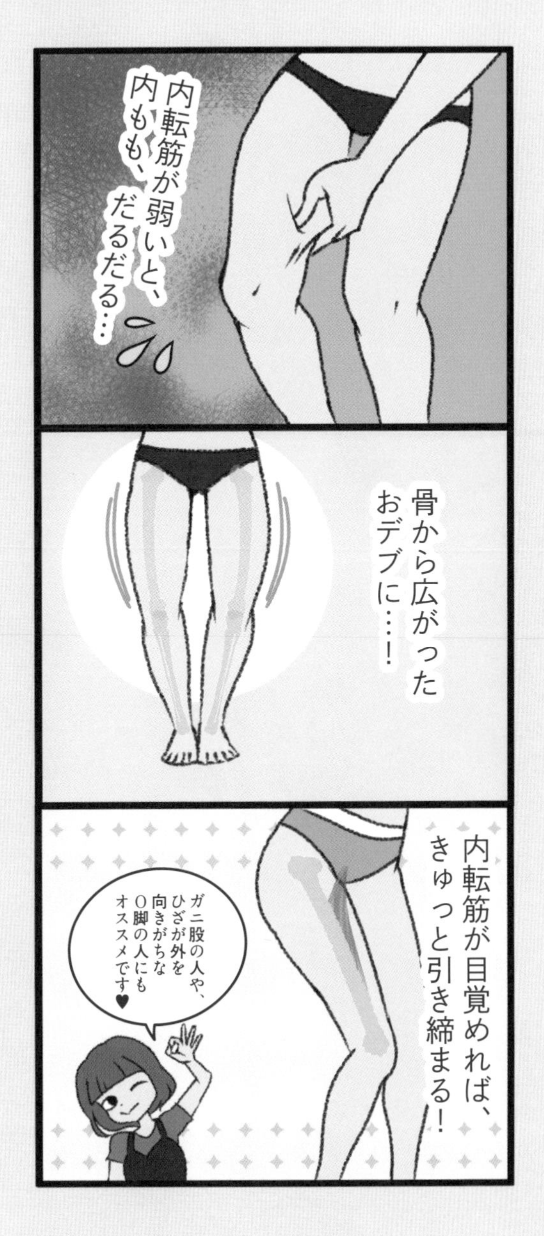

こんな人にオススメ

○机やシンクに腰を押しつけて立ちがち

○脚を閉じて座っていられない

○片足に重心をかけて立ちがち

ニーリングツイスト

広がった太ももを締める！

TARGET：内転筋

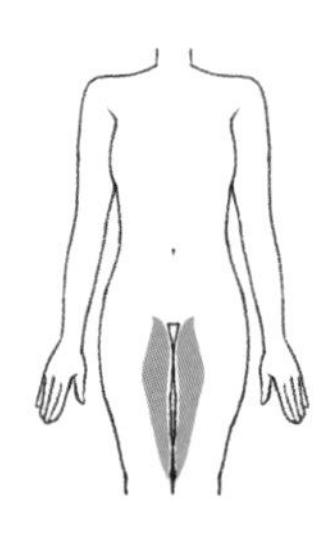

〔目標回数〕
片側各10回
×3set
〔インターバル〕
1分

❷❸を10回、インターバルを1分はさんで、3セット繰り返します。反対側も同様に行います

男の人に多いガニ股タイプのO脚

ガニ股の人にも！

内転筋が弱いと、つま先もひざも外側に開いてしまうガニ股に。内転筋を強くすれば、股関節を内側に閉じることができるようになり、ガニ股も改善されます。

外ももが張りだしてパンツ姿が決まらない。内ももがだるだる…。そんな人は、内転筋を目覚めさせてあげましょう。

「ツイスト」という名前から、つい体をひねりたくなりますが、ポイントはひねるのではなく、体を倒し、前脚にしっかり体重をかけること。体重は真下に向かってかけます。押し込むときに、ひざが前にですぎてしまうと、ふくらはぎがストレッチされて内ももに効きません。

そして、足裏全体で体重を支えて、ひざを少し内側に倒してみてください。内ももにジリジリと効いてくるのを実感できるはず！

Q&A
もっと効かせるコツ

Q イラストほど、上半身が倒せません！どうして？

足位置を体から遠ざけてみて

体が倒せないと体重をかけられないので、❶のときに，**足を置く位置を体から少し遠めに**してみよう！　手前のほうに置くと、ふくらはぎの硬さが邪魔をして、上半身が倒しにくくなってしまいます。

Q 内ももに効いている感じがしません。どうしたら？

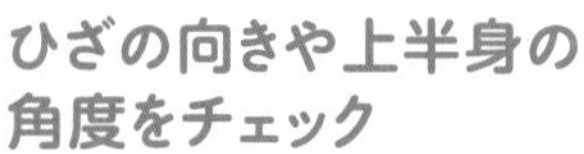

ひざの向きや上半身の角度をチェック

体を倒したときに**ひざが外を向いていたり**、上半身の倒し方が足りずに**しっかり体重がのってない**と、内ももに効かせられません。内ももの上に、上半身という重りをのせるようなイメージを持ちながらやってみてね。

ダメ、絶対!! やりがちNGポイント

ひねっているだけになってる

ひねることだけに集中すると、太ももに体重がのりません。体をたくさんひねろうとするのではなく、**斜め前にもたれかかる**意識で！

足の位置が手前すぎ

意識しないとひざの真下くらいに足をついてしまいがち。すると**うまく体重をのせられません。**ひざよりも少し遠くのほうへずらしましょう。

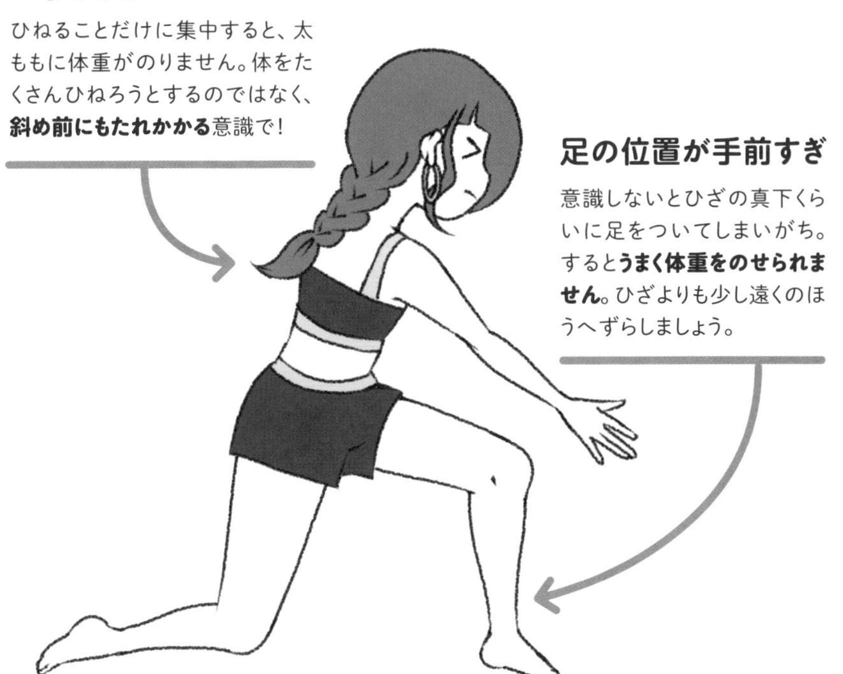

慣れてきたら

ダンベルを持って

慣れてきたら、両手にダンベルを持ち、負荷をアップ。まずは1kgのダンベルから。これでもかなりキツいはず！

さらに効果up!
+αトレ

内もも伸ばしで股関節をやわらかく!

バウンドアングル

ストレッチ

〔目標回数〕1分×1set

TARGET:内転筋

1

足の裏を合わせて座ります

2

両手で足を押さえながら、
腰が丸まらないように上体を前に倒していくよ

Bound Angle

内もものストレッチで股関節の柔軟性をアップ！
内ももがやわらかくなるとお尻の筋肉が使いやすくなり、美脚効果も高まります。
❷で腰を丸めると内ももに効かないので、太ももの付け根から倒すイメージで。
丁寧に呼吸をしながら、内ももの伸びを感じてください。
1回でセット数を多くするより、1セットずつを、1日数回に分けて行うのが効果的。

トリビア

美脚の持ち主は股関節がやわらかい！

　きれいな脚を作るには、股関節のやわらかさも重要！　筋トレだけでなく、ストレッチで伸ばしてあげて、柔軟性をつけていこう♪

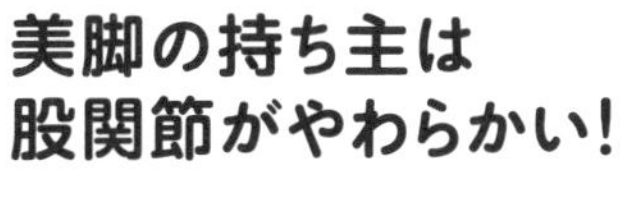

Column

姿勢にいい 意外なプチ習慣

足首や足指が自由に動くよ

はだしで過ごそう!

かかとの高い靴を履いて長時間過ごすと、脚全体に大きな負担がかかり姿勢の崩れにもつながります。家でははだしで過ごそう!

息をしっかり吐こう!

現代人は息の吸いすぎで反り腰を悪化させています。吐くことを意識すれば、お腹の筋肉が使われて肋骨がリセットされ、反り腰も改善するよ!

ショルダーではなくリュックを使おう!

リュックでも、低い位置で背負ったり、背中との間に大きな隙間ができたりすると腰への負担に! ベルトをきちんと調節して使ってね。

お風呂では浴槽につかろう！

浴槽で得られるのが浮力効果。体が軽くなり、カチカチに緊張した筋肉や関節がほぐれます。血行もよくなり、むくみ改善効果も！

肩の力を抜きすくませない！

肩が上がりっぱなしだと、首まわりの筋肉が酷使され、コリや不良姿勢を招く原因に。肩を常に下げておく意識を持ちましょう。

パソコンやスマホ操作の後は、遠くの景色を眺めて！

目と肩や首の筋肉は連動しています。長時間近くを見続けると、首＆肩コリの原因に。こまめに遠くを見てバランスをとって！

反り腰さんの ねじれO脚 リセット

内股なのか、O脚なのか、
自分でもよくわからないんだよね。
でも、街中でショーウィンドウに映った
自分を正面から見るとがっかり。
なんでまっすぐな 脚じゃないの？
まあ骨がこう なんだから、
諦めて るけどね。

TARGET

大殿筋
（お尻全体）
中殿筋
（お尻上部側面）

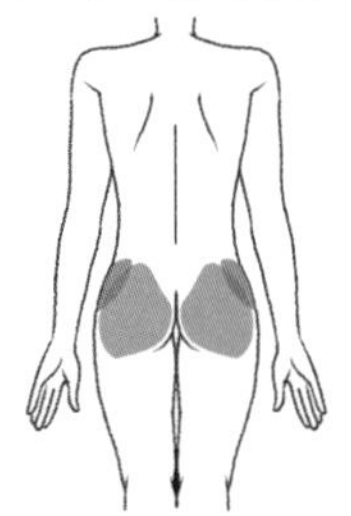

大殿筋を使えるように！

反り腰だと、体はバランスをとろうとして、太ももを内側にねじって体を支えようとします。それに伴い太ももの骨がねじれてひざが内側を向き、すねが外側にねじれるO脚に。女性に多いお悩みです。

お尻の筋肉を強化して「大殿筋」と「中殿筋」に外旋の動きを覚えさせて、ねじれを戻していきましょう。骨も整い、脚のラインもまっすぐになります。

お尻の筋肉が使えるようになると、内股癖が改善されてまっすぐな脚に！

こんな人にオススメ

- ○内股だけど○脚かも
- ○女の子座りをよくする
- ○靴の内側がすり減る

バタフライ

ねじれ脚をリセット！

TARGET：大殿筋

〔目標回数〕
10回×3set
〔インターバル〕
1分

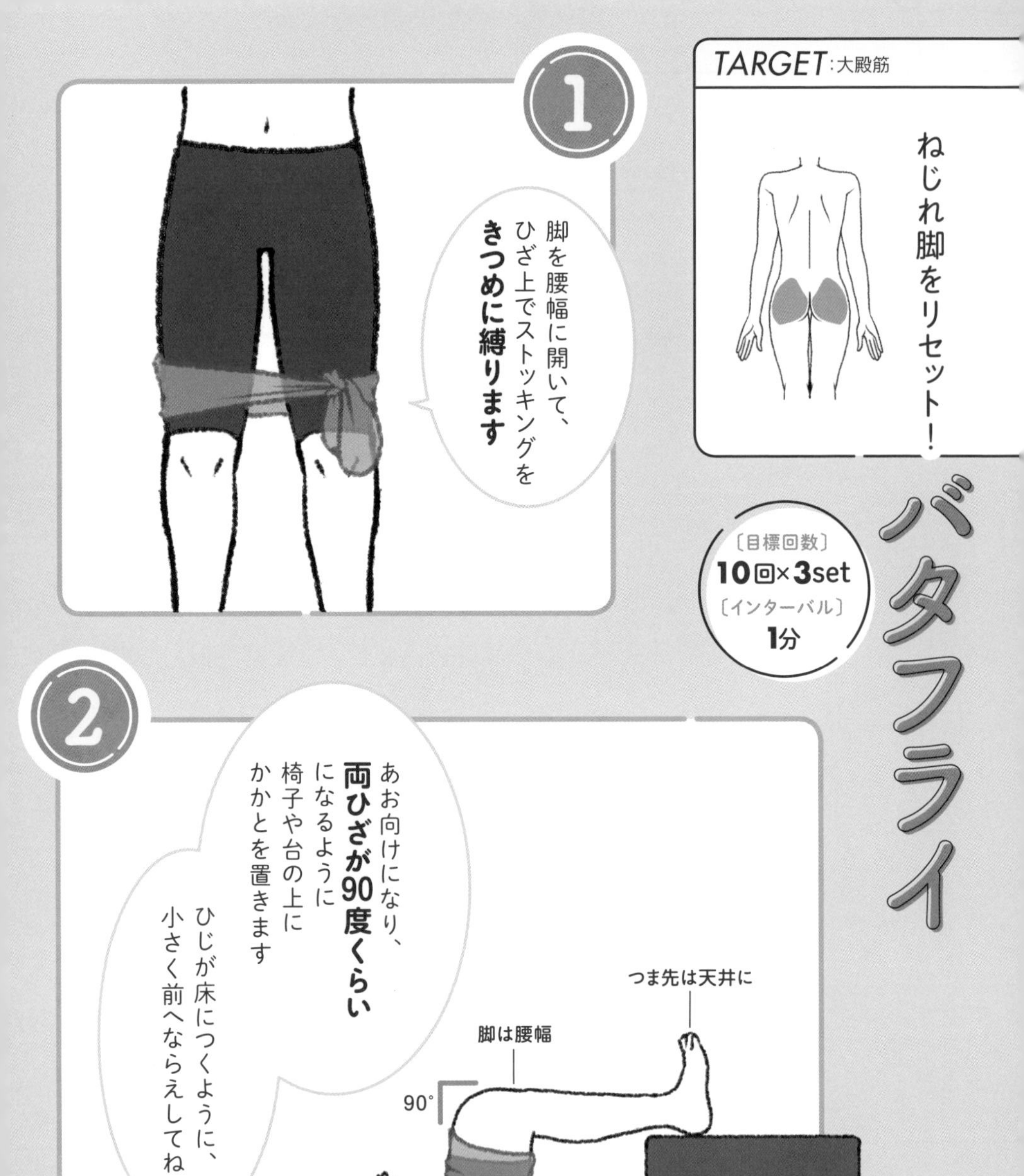

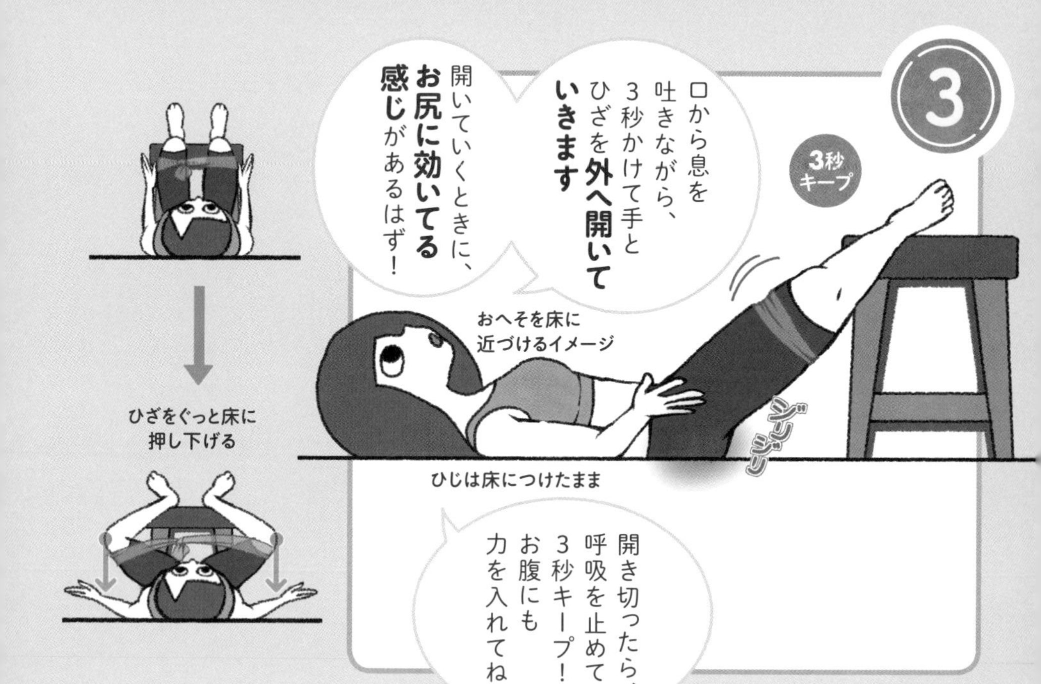

4

3秒かけて

鼻から息を吸いながら、**手と脚を閉じ**、❷のポジションに戻りま～す

❷～❹を10回、インターバルを1分はさんで、3セット繰り返します

スクワットはしゃがむ動作でお尻に効かせるけれど、バタフライは脚を開く外旋の動きでお尻に効かせる種目。同じ筋肉でも、違う動作で別の刺激を入れることで、筋肉の働きがよくなるのです。

ポイントは、❸でしっかり両脚を開くこと。開いたときに両ひざを床に向けてぐっと押し下げると、お尻の側面にジリジリ効く感じがするはずです！

一度コツをつかめると、どんどん大殿筋が目覚めてきます！股関節も伸びて、気持ちのいい種目です。ちなみに、❸で両手を外に開くのには、背中の広背筋の緊張をとる効果あり。巻き肩の改善にもなりますよ。

Butterfly

Q&A
もっと効かせるコツ

Q ひざを開いていくときに、腰が痛くなるのはなぜ？

お腹に力を入れよう！

脚を開くことだけに集中してしまうと、腹筋がゆるんで腰が反れてしまいます。**おへそを床に近づける意識を持ちながら**やれば、**お腹にも力が入って**、腰が反れにくくなるよ！

Q あまりツラく感じないんだけど、やる意味ってあるのかな？

お尻に少しでも効けばOK！

効いているのは右イラストの**お尻のほっぺ**。ひざを床につけるつもりで、思いきり開き切ってみてね。ここに**「効いてる！」という実感が少しでもある**なら正解！　ひざを開く動きを身につけることが大切。

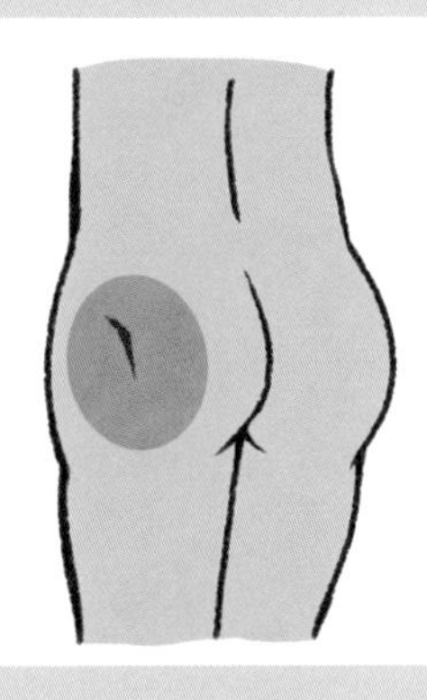

こんなやり方も!

立ちバタフライにトライ!

脚を肩幅に広げて立ち、ひざ上で
ストッキングをきつめに縛ります。
つま先は正面に向けて、やや前かがみになり、
ひざは軽～く内側に向けて曲げます

つま先やかかとが浮かないように、
ひざとひざの距離を離していくようにしながら、
外側へと開いていくよ。
バタフライと負荷は同じですが、重力の関係も
あって、よりお尻に効く感じがわかります!

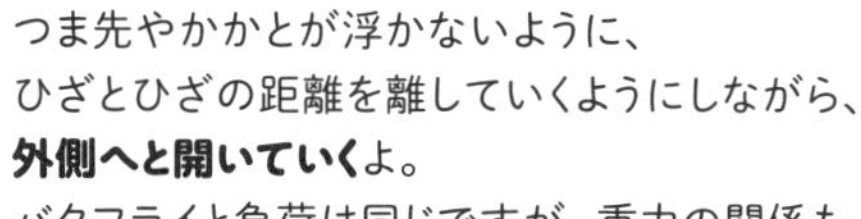

❶❷を10回、インターバルを1分はさんで、3セット繰り返します

おすすめ♥
超便利な筋トレグッズ!

エクササイズバンド

エクササイズバンドは、負荷の違うものがセットで販売されているのが一般的。ネットで1000円前後で買えちゃう万能アイテムだよ! もっともっとヒップアップを狙いたい人は、ストッキングの代わりに使ってみてね♪

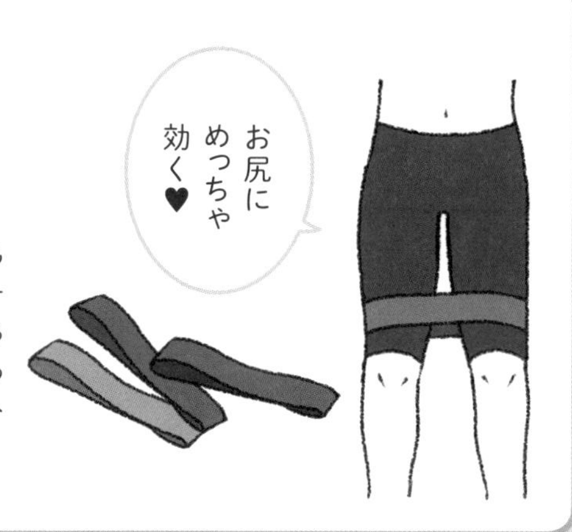

さらに効果up!
+αトレ

地味だけど効く！ 美尻&美脚トレ

クラムシェル

〔目標回数〕片脚各20回×3set

〔インターバル〕1分

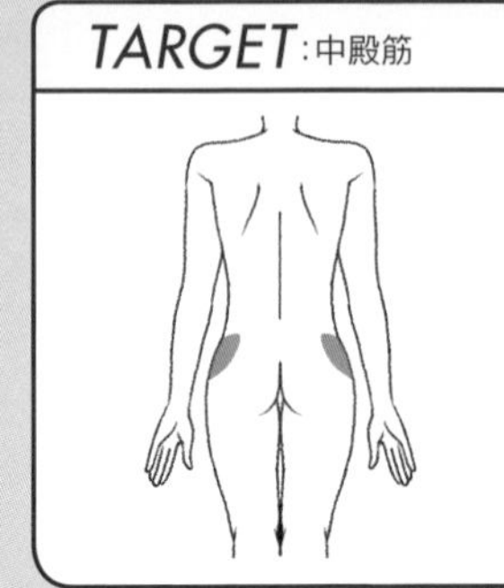

1

横向きに寝そべります。
両ひざ、両かかとがぴったりと
重なるように脚をそろえて、
ひざと足首は軽く曲げます

お尻が後ろに倒れないようにね！

2

かかと同士が離れないように、
上のひざを、**4秒かけて**
ゆっくり上げていきます

Clamshell

クラムシェルとは「貝」のこと。
貝殻が開いたり閉じたりするところをイメージしてみて♡
中殿筋にしっかり効かせるには、❶のひざの曲げ具合を守ること。
そしてひざをしっかりと開くこと。お尻の上部側面にビリビリと感じるはず。
勢いよく開いてしまうと効かないので丁寧に行ってください。

3

4秒かけてゆっくりと戻し、ひざとひざが触れたら
またすぐに上のひざを持ち上げていきます

❷❸を20回、インターバルを1分はさんで、3セット繰り返します。反対側も同様に行います

こんなやり方も!

ひざと足首の角度は変えずに、股関節を伸ばして行うL字型もやると、中殿筋に違う方向からの刺激が入って、筋肉がしっかり目覚めます。慣れてきたら、エクササイズバンドをひざ上につけてテンションをかけるのもオススメ!

スマホ大好きさんの内巻き肩リセット

この前テレビで、
スマホを顔の高さで操作すると
姿勢にいいって言ってたけど、
現実的にそんなこと無理だよね？
スマホネックやスマホ顔は
知ってるけど、肩幅が広くなっちゃうって
はじめて聞いた…。

TARGET

上腕二頭筋
（力こぶ）

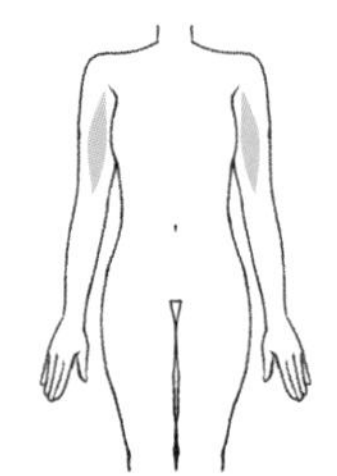

上腕三頭筋
（二の腕）

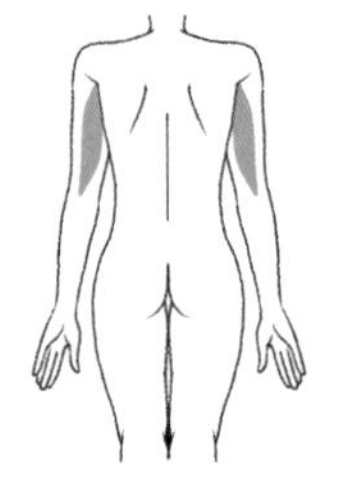

二の腕の筋肉が鍵！

スマホを見るとき、背中の上部が丸まったねこ背になっている人がほとんどですよね。背骨が曲がると、肋骨も曲がり、肋骨の上にある肩甲骨も離れ、肩が内巻きになってしまいます。

そして巻き肩対策に深〜い関係があるのが腕の筋肉。肩を前に引っぱるのが「上腕二頭筋」で、後ろに戻すのが二の腕の「上腕三頭筋」です。

上腕二頭筋はゆるめて、上腕三頭筋を鍛えるトレーニングで、肩まわりがすっきりし、二の腕も引き締まりますよ。

こんな人にオススメ

○スマホやパソコンをよく触る

○顔が前にでがち

○肩コリやストレートネックに悩んでいる

リバースプランク

ねこ背改善★華奢な肩まわりに！

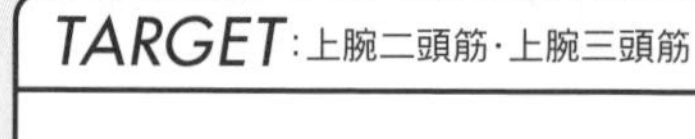

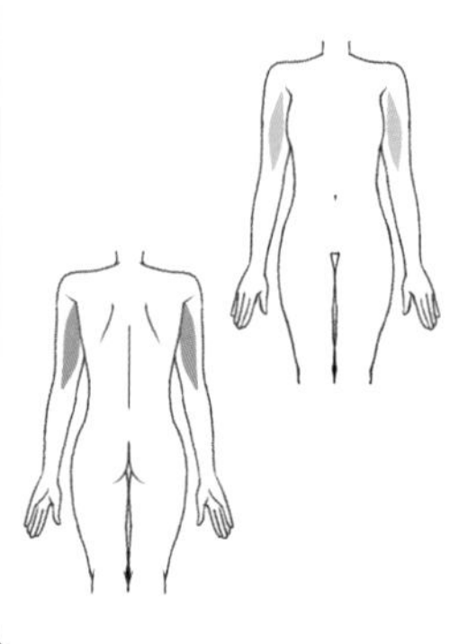

〔目標回数〕
20秒×1set

1

両手を肩より
やや後ろについて、
床に座るよ～

手首を痛めやすい人はタオルを敷いて高さを出してね

手は肩幅より少し狭く

足は腰幅

指先はつま先と同じ方向

2

お尻を持ち上げて
いきま～す

手と足で**しっかりと**
床を押して胸を張り、
腕の筋肉が伸びていくのを
感じてね

二の腕が縮んで、
力こぶあたりが
すっごく
伸びるよ～

胸を張る

胸からひざまで一直線に

ジンジン…

びりびりのび～ん

肩をすくめない

かかと重心

肩がすくんでいる

お尻を落としてしまう

二の腕にある上腕三頭筋を鍛えて、力こぶを作る上腕二頭筋をストレッチする…。この両方ができる種目です。

❸で最初は上腕二頭筋の伸びを強く感じますが、数秒すると上腕三頭筋に効いてきます。二の腕に力が入り、硬くなっていれば正解です。

お腹に力を入れてかかと重心にすると、余計なところに力が入らないので、前ももを使わず、上腕三頭筋にしっかり刺激が入ります。肩コリにもいいですし、胸のストレッチにもなる、気持ちいい種目です。基本のリセット種目で背中を丸める動きができるようになってから行うのが効果的なトレーニングです！

Q&A もっと効かせるコツ

Q ひじから下の、前腕ばっかり伸びている気がするんですけど？

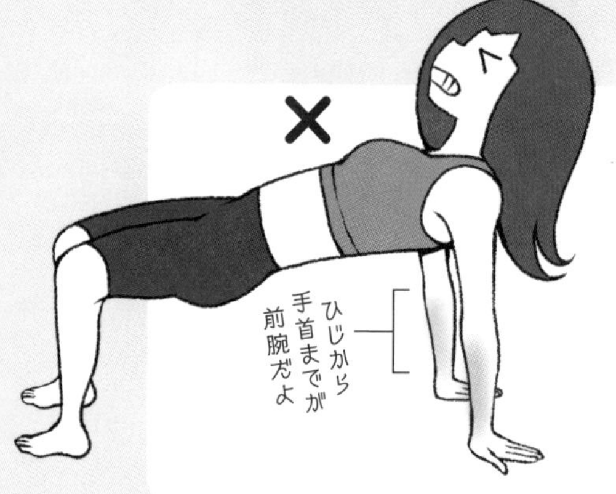

手の位置や向きをチェック！

手の位置が肩の真下になっていると、前腕にストレッチがかかって、肝心の上腕二頭筋部分の伸びが感じにくくなってしまうよ！　**肩より少し後ろにずらして**、指先をつま先と同じ方向に向けてね。

Q キツくて20秒ももちません！

時間を短くしてもOK！

無理に伸ばして、だんだん**肩がすくんできたり、お尻が落ちてしまって**は効果半減。まずは**10秒だけ**でもいいので、正しいポジションをキープできるようにしていこうね。

トリビア

内巻き肩だと後ろ姿が暗い印象に!

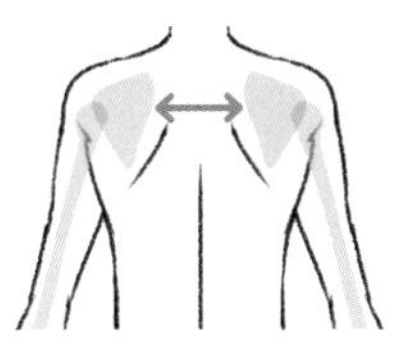

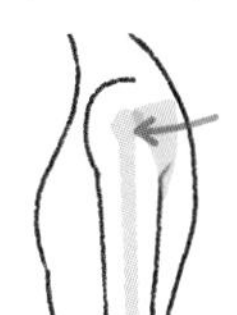

内巻き肩だと…

上腕二頭筋が強くて、肩が前のほうに引っぱられてしまっているのが内巻き肩。すると肩甲骨同士が離れて肩幅が広く見えてしまいます！　背中の上部も丸まって後ろ姿が暗い印象に…。

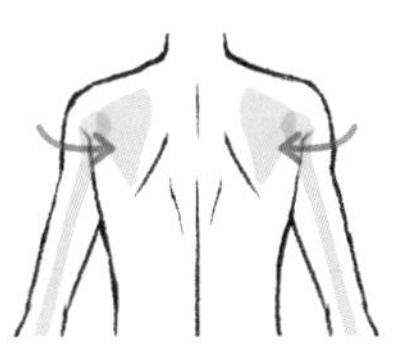

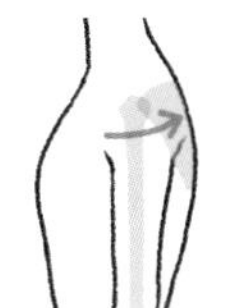

ケアすると…

上腕二頭筋をゆるめて前に引っぱる力を弱めつつ、上腕三頭筋を鍛えて肩を後ろに戻すと、内巻き肩が改善！　肩甲骨も寄って肩幅が狭く見えます。

リバースプランクは背中を丸められるようになってから

リバースプランクで肩甲骨を整えても、その土台にある肋骨がゆがんでいては×。まずは、基本のリセット種目で、肋骨を正しいポジションに戻せるようになってから行うのがベスト！

かかとをつけてしゃがめない人の

ゾウさん足首リセット

ふくらはぎが大切！

かかとをつけてしゃがめないのは足首が硬い証拠！　足首の動きが悪くて太い、ゾウ足状態になってしまいます。

しゃがむ動作には足首、ひざ、股関節の3つの関節が関係しているので、足首が硬い人にはひざ痛に悩む人も多いはず。

足首を動かす筋肉がふくらはぎの「腓腹筋」です。この筋肉がやわらかくなれば、かかとをつけてしゃがめるようになります。ひざも痛くなくなるし、足首もきゅっと締まり、ふくらはぎも引き締まってスリムに！

こんな人にオススメ

- ○かかとをつけたまましゃがめない
- ○立って前屈をするとひざ裏がとても痛い
- ○つまづきやすかったり、ねんざしやすい

カーフランジ

ストレッチ

足首をやわらかくしてキュッ！

TARGET：腓腹筋

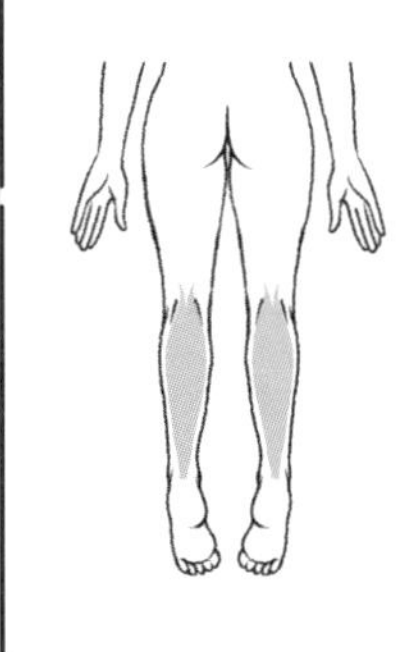

〔目標回数〕
片側各**30**秒
×**1**set

反対側も同様に行います

大根脚からバンビ脚に変身!

一日の終わりに行うとむくみもすっきり! ストレッチでしっかりリセットして、パンパンに張った大根脚を、スラーッと引き締まったバンビ脚に変身させちゃおう!

ふくらはぎをストレッチしながら、すねを縮める動きも入るので、前後のバランスがとれてひざ下のラインがきれいに! ポイントは❸でしっかり体重をかけてふくらはぎの伸びを感じること。じわじわ筋肉が伸びてきます。

足首が硬い人は深く曲げることができないかもしれませんが、毎日行うことでやわらかくなるはず。私も定期的にやってゆるませています。

ふくらはぎは第二の心臓とも呼ばれていて、ここがやわらかくなれば全身の血行もよくなって、足の冷えやむくみも改善されます! また、足首のねんざなどの予防にもなりますよ。

Calf Lunge

Q&A
もっと効かせるコツ

Q 全然ひざを前に倒せないんですけど…大丈夫かな?

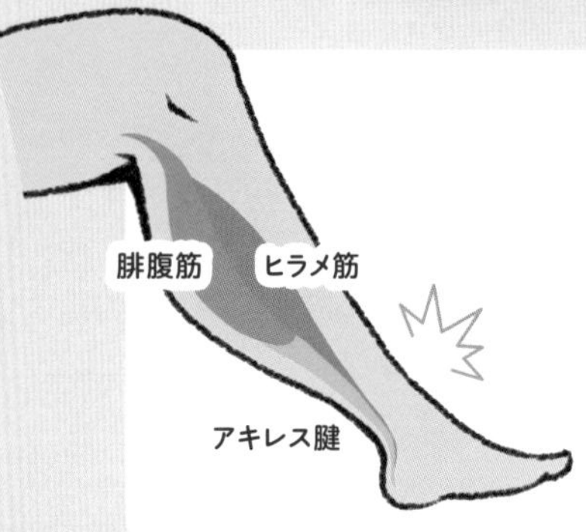

それは、足首が硬い証拠!

ふくらはぎの筋繊維をしっかり伸ばしてあげれば足首も徐々にやわらかくなります。**お尻を浮かせて体重をよりのせて**みたり、もっと**足を置く位置をお尻に近づけて**、ふくらはぎのストレッチに注力してみて。

Q ストレッチをやるタイミングはいつがいいの?

お風呂上がりがオススメ

お風呂上がりなどの血行がよい状態で行うと、よく伸びるよ! ほかにも、おでかけから帰ってきてすぐ行うと脚の疲れが取れるし、**トレーニングの後、リセットストレッチ**としてもオススメです★

トリビア

足首が硬い人は「背屈」が苦手

つま先をすねに近づける動きを「背屈」、すねから遠ざける動きを「底屈」といいます。足首が硬い人は背屈の動きがうまくできないので、カーフランジでひざをしっかり倒せなかったり、かかとをつけたまましゃがむのが苦手です。P112の背屈タオルストレッチもオススメです。

水分、足りてますか？

筋肉が硬い人の意外な共通点が「水分不足」。人の体の約60%以上は水でできていて、筋肉にもたくさんの水分が含まれています。筋肉をやわらかくするには、水分をしっかり摂ることも大切！

Column

姿勢が悪いとよく眠れない!

眠りが浅い、寝つきが悪い、寝ても疲れがとれない…。あなたの睡眠の質、下がっていませんか?　睡眠には、自律神経が大きな影響を与えています。一般的に人の体は**日中は体を活動・興奮モードにする交感神経が優位**になり、**夜はリラックス・修復をつかさどる副交感神経が優位**になります。このリズムが崩れると、夜になっても体がリラックスモードになれず、睡眠の質も悪くなってしまうのです。

実は呼吸も自律神経と深い関係があり、**吸うときに交感神経が働き、吐くときに副交感神経が働きます**。ところが姿勢が悪いと肋骨が固まり、息を吸ってばかりでうまく吐けずに、交感神経が強く働いたままになってしまうのです。

本書のエクササイズの、息をしっかり吐いたり、途中で呼吸を止めるといったプロセスには、**日常生活での「息を吸いすぎる」クセを改善する**意味もこめられています。

姿勢をリセットして、しなやかな肋骨を手に入れ、深い呼吸ができる体を手に入れましょう。睡眠の質もよくなってきますよ!

もっとボディメイク！上級編

より効果の高いやせ筋トレでウエスト、お尻、二の腕をピンポイントで狙います！

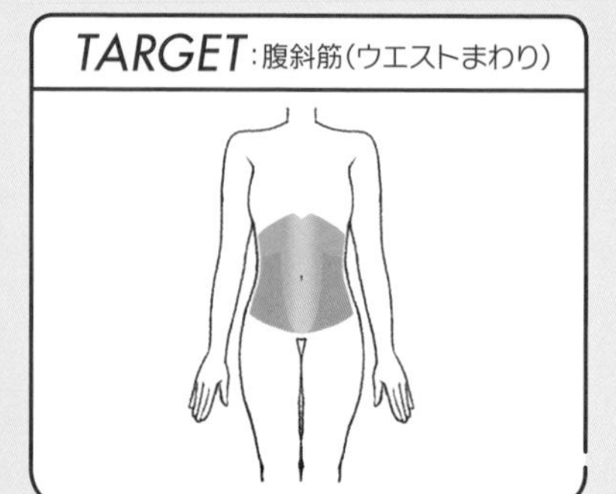

くびれを生む腹斜筋を狙い撃ち！

ラテラルプランク

〔目標回数〕片側各15回×3set 〔インターバル〕1分

1

右半身が下になるように横向きに寝そべり、ひじを床につけます。
左脚は、右脚の上にクロスさせます

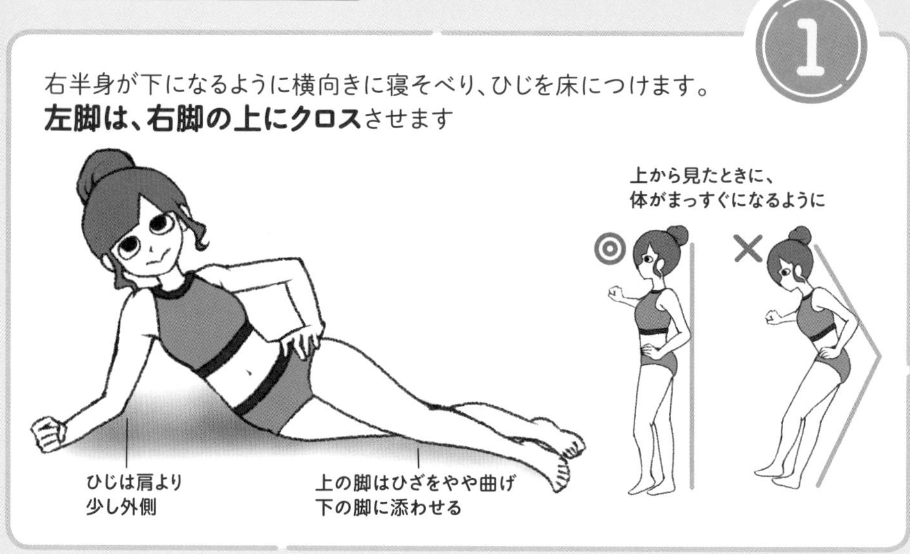

2

右ひじと右脚で床をぐっと押し、お尻をしっかりと持ち上げます。
右わき腹の筋肉を感じながら、最も高い位置で
呼吸を止めずに2秒キープ！

腹斜筋をピンポイントで狙って、ぐいぐい効かせるトレーニング。
ウエストの左右差を整えたい人にオススメです。
NGポーズは、足の位置を見ようとして上体が前かがみになってしまうこと。
これでは腰が曲がってしまって、腹斜筋に効きません。
まったく持ち上がらない場合は、P54のレッグツイストで腹筋力をつけてから挑戦しよう！

❷❸を15回、インターバルを1分はさんで、3セット繰り返します。
反対側も同様に行います

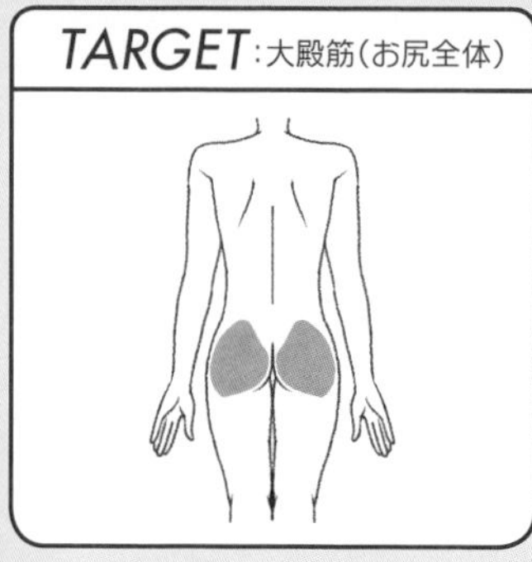

お尻に効く！ しかも代謝アップ！

ワンレッグ デッドリフト

〔目標回数〕片側各10回×3set　〔インターバル〕1分

お尻の筋トレとしてはマイナーだけど、お尻に効いている感じが
すぐに実感できるのでクセになる種目かも。
ラクな動作に見えるけど、2セット目からお尻にビリビリ効いてきます！
背中にある大きな筋肉の広背筋にも効くので、汗がじわ〜っとでて全身の代謝もアップ★
お尻に効かせるにはかかと重心で、ひざを曲げるよりお辞儀をすることを意識してね。

❷❸を10回、インターバルを1分はさんで、3セット繰り返します。
反対側も同様に行います

P67のセミワイドスクワットのときのように、水の入ったペットボトルを入れたハンドバッグなどを持って負荷を上げていこう！

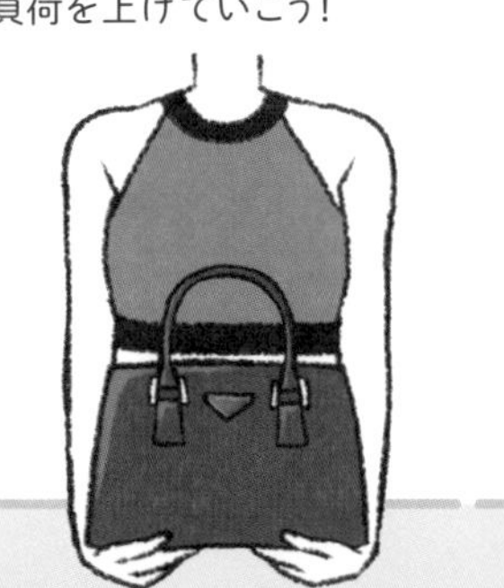

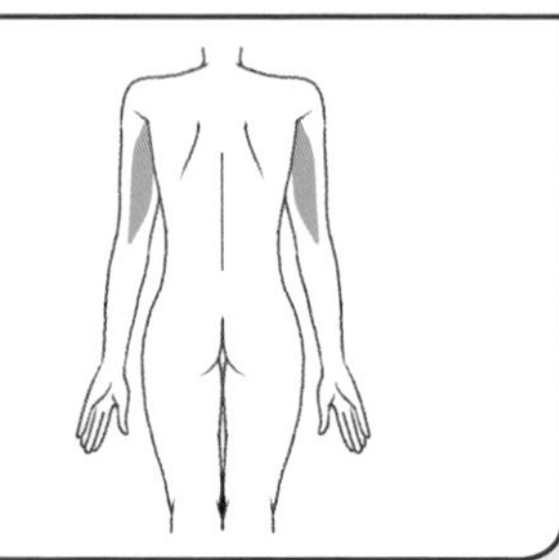

二の腕にも肩甲骨にも効く〜★

ダイヤモンドプッシュアップ

〔目標回数〕**10回×3set**　〔インターバル〕**2分**

1

手を狭めに床につけ、つま先を立てます。
お腹が床に落ちないように腹筋に力を入れてスタンバイ

2

呼吸を止めずに、3秒かけてゆっくり体を下ろしていきます。
下ろせる限界まで下ろすと、
二の腕にテンションを感じるはず。
お腹に力を入れ続けて！

普通の腕立ては大胸筋を狙うけど、こちらは上腕三頭筋をメインに狙います。
手を肩幅より狭くするので、とにかくキツいけど、頑張って!
わきを広げすぎると上腕二頭筋に効いてしまいます。
肩甲骨も正しい位置に戻るので、内巻き肩改善にもアプローチできるし、
体幹も使うのでウエストまわりの引き締め効果もありますよ♪

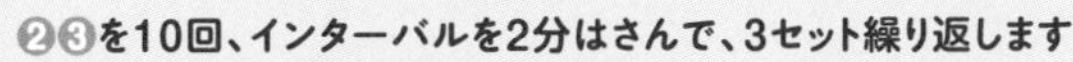

Column

姿勢は無理に正そうとしてはダメ！

不良姿勢は健康や美容によくないとお話ししてきましたが、無理に背すじをピンと伸ばして姿勢を正そうとする必要はありません。**胸を張ろうと意識しすぎて肋骨を広げてしまったり、骨盤のコントロールがうまくできず、かえって反り腰を悪化**させてしまう恐れもあるからです。

また、背すじを伸ばしても長くその状態を維持できず、数分後には元の姿勢に戻ってしまうということ、ありますよね。実はこれは脳のしわざです。

姿勢と脳はとても深い関係があります。長時間の座りっぱなしや過度な運動不足は不良姿勢につながります。これが続くと、脳はこの悪い姿勢がベストだと思い込み、その状態を維持させようと体に指示をだすのです。

大切なのは、こうした**脳の思い込みを変えて、意識しなくてもよい姿勢を保てるよう**になることです。そのためには、エクササイズで日常ではしないような姿勢を整える動きをし、**脳に刺激を送って**あげることが大切です。

BRAIN

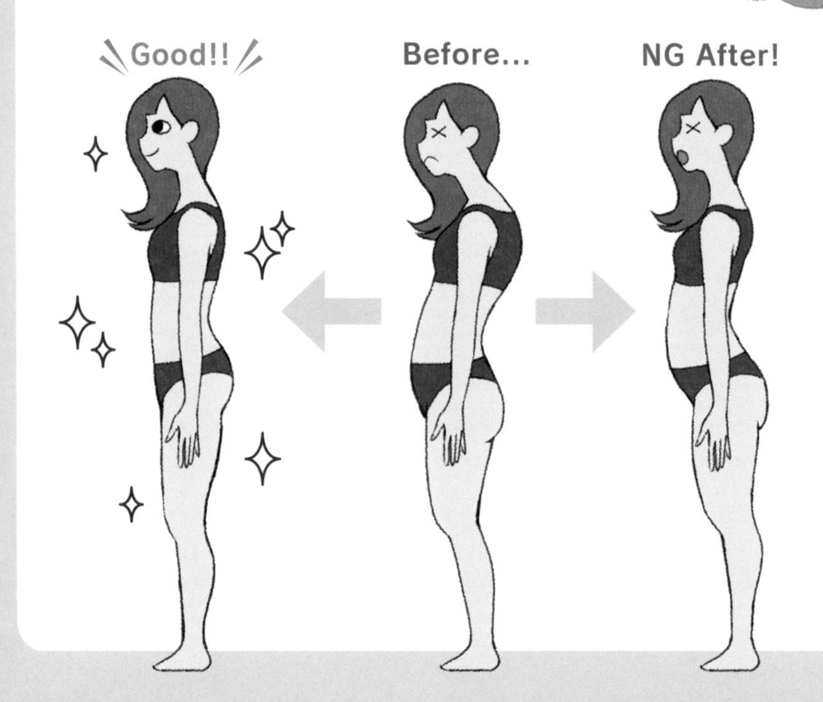

やせ筋を目覚めさせるプチトレ編

運動はじめてさんは体がガチガチ。
まずはスキマ時間を利用して
やせ筋をしっかり動かすことから。

＼内転筋、鍛えておいてソンはなし！／

内ももペットボトルはさみ

1

500mℓの水が入った
ペットボトルを用意します

2

ひざとひざの間に
はさみます。
はさんだまま作業などを
して過ごしてね。
最初はラクでも、5分もた
つと、**太ももの内側が**
疲れてくるはず！
少しずつ長い時間できる
ようになろう

内ももを動かす！

　脚がまっすぐな人は座り方もきれい。両ひざをピタッとつけて座れるのは、内ももの筋肉をしっかり使えているからです。逆に脚が開いてしまったり、ひざだけがくっついた内股座りなら内転筋がだいぶ衰えているかも！　このプチトレはO脚の改善にもいいですし、内転筋と連動する骨盤底筋にも刺激が入るので、尿漏れ対策にもオススメです。

POINT

内転筋に上手に効かせるコツは、股のあたりではなく、**ひざのほうではさむ**こと★

＼足首の動きをスムーズに！／

背屈(はいくつ)タオルストレッチ

ストレッチ

1

椅子に座り、**片脚を浮かせ**、
足裏にタオルを引っかけておきます。
フェイスタオルや
スポーツタオルなどを使ってね

2

両手でタオルを引き、それに反発するように、
脚を遠くに蹴りだすイメージでひざを伸ばしていきます。
ひざ裏のあたりが伸びるのを感じましょう

POINT

つま先が反るように
タオルを引っぱろう！

背屈の動きに慣れよう

足首の柔軟性を高めるために、つま先をすねに近づける背屈の動きを体に覚えさせましょう。タオルで引っぱることで、気持ちよくふくらはぎをストレッチできます。ふくらはぎの筋肉はひざの上までつながっているので、ひざ裏にビリビリとした伸びを感じるはず。これがしっかり効いている証拠です。ふくらはぎも細くなって、ひざ痛対策にも！

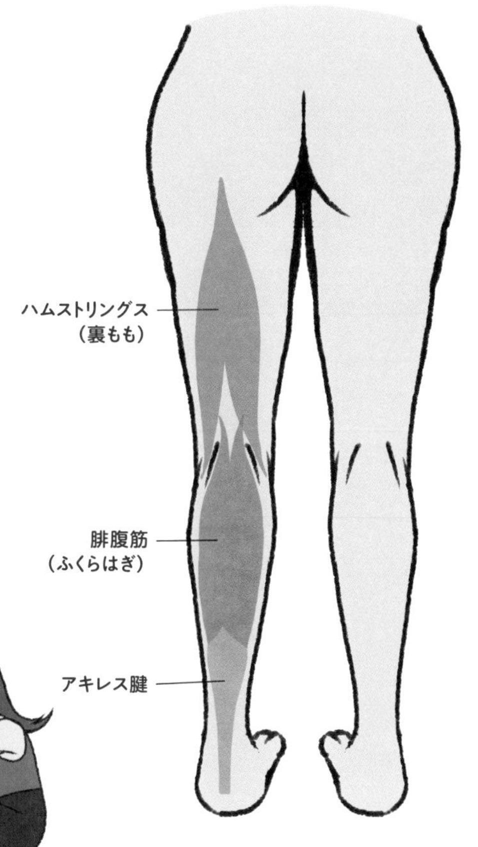

かかとをつけて
しゃがめるように！

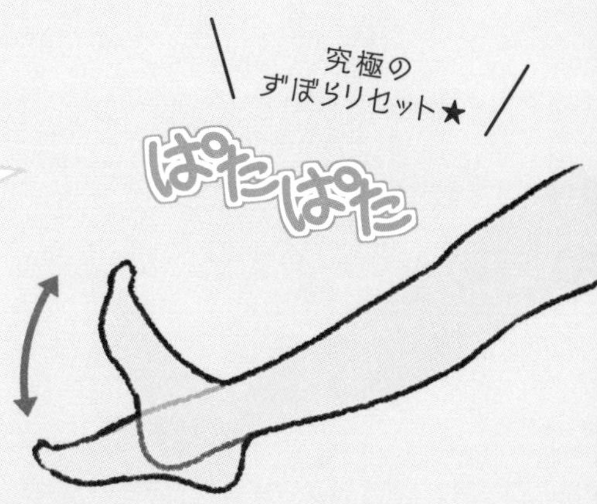

足首をゆっくり
パタパタと動かすだけでも、
むくみ対策になります
隙あらば靴を脱いで、
ひざ裏を伸ばして
底屈と背屈の動きを
交互に行いましょう

＼ 全身のインナーマッスルが目覚める！ ／

片脚バランス運動

1

まっすぐ立った状態で**息をフーッと吐き、肋骨を締めて**おきます。
手で肋骨を触って、
締まる動きを確かめましょう

2

骨盤が横に傾かないように、
片脚をほんの少しだけ上げ、
バランスをとります。
肋骨が締まった状態をキープしながら呼吸し、
この姿勢のまま**1分耐えて**みよう

つま先が床から
3㎝程度浮くくらいでOK

衰えている側を使う

心臓が左寄りにあったり、左右の肺の大きさが違ったり、人間の体にはそもそも左右差があります。筋肉のつき方も同様です。体の左右差を縮め、バランス感覚を取り戻すのが片脚立ち運動です。衰えている側の筋肉が「バランスを整えなきゃ」と左右差を埋めようと働いてくれます。体幹も鍛えられて、姿勢美人に！

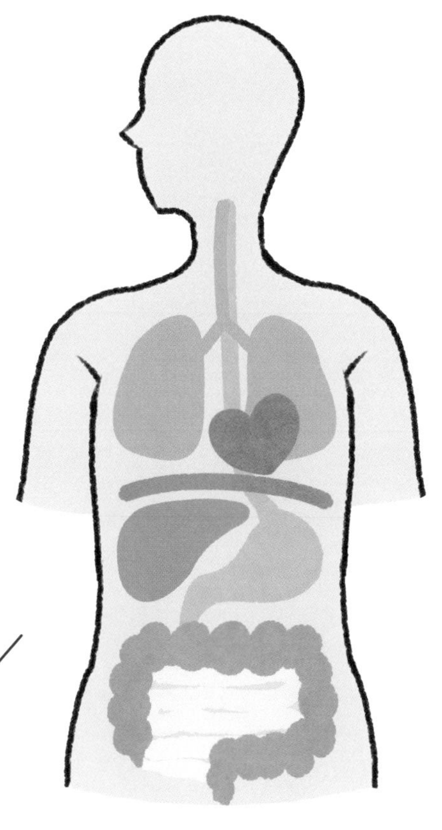

軸足だけに体重を預けると、骨盤が傾いてしまいます。これではインナーマッスルが上手に使えず、骨盤まわりの靭帯を引き伸ばすように立っていることになります。**浮かせているほうも脱力せず**に、全身の筋肉を使って体を支えましょう！

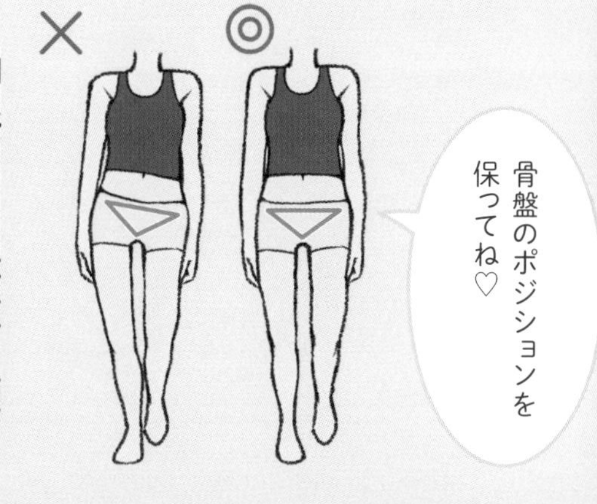

プチトレ

＼座ったまま腹筋を強化／

足浮かせ腹筋

お腹を使える体に

腹筋の使い方が、いまひとつ実感できない人にオススメのプチトレ。お腹に力を入れ続けることを覚えましょう。一瞬だとお腹に効いているのがわからないので、まずは30秒キープ。仕事の合間の習慣にしてみてください。腹筋をコントロールできれば、あらゆるトレーニングの効果がアップして、腰痛やぽっこりお腹も改善されます★

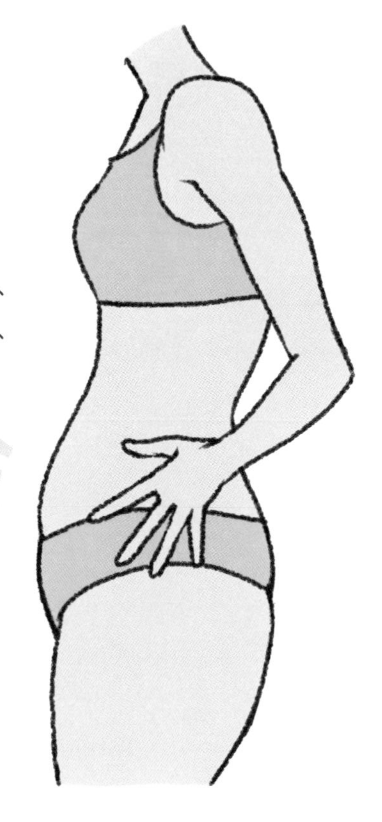

ぽっこりお腹の原因はズバリ、
下がった内臓にアリ!
お腹まわりをしっかり鍛えて、
内臓を引き上げるための筋肉を
強くしていこう

こんなやり方も!

歌がうまくなる!
脚浮かせボイストレーニング

❶背もたれのない椅子に座り、座面から背中の角度が45度程度になるように体を傾ける
❷脚を浮かせてひざを軽く伸ばし、そのままの姿勢で「アーーー」と発声する。20～30秒、声が震えないように腹筋で耐えて!

＼二の腕を気持ちよ〜く筋トレ！／

二の腕タオル綱引き

ストレッチ

1

体の後ろでタオルを握ります。
軽く前かがみになり、息を吐いて
肋骨を締めた状態でスタンバイします

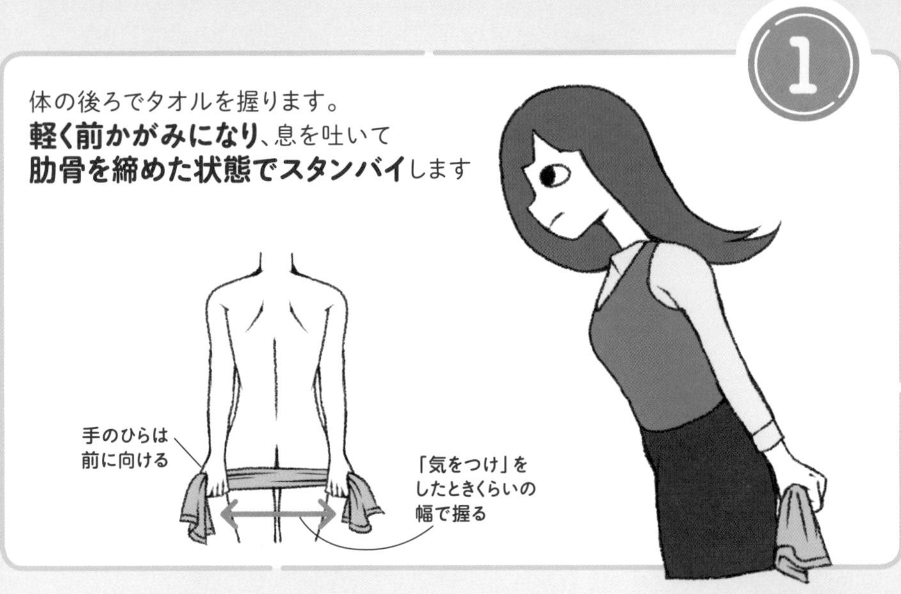

2

ひじをまっすぐ伸ばし、
タオルを引き上げていきます。
二の腕にキテるのが感じられる高さに
なったところで**肩甲骨を寄せ**、5秒キープします。
肋骨は締めた状態で呼吸は止めないでね

上腕三頭筋を使う

日常生活では腕を前に出したり、ひじを曲げる動作が多くて、腕を後ろに引いたり、ひじを伸ばすなど逆の動作はほとんどありません。だから**腕の前側の筋肉（上腕二頭筋）**は使われやすく、**後ろ側（上腕三頭筋）**がオフモードになりがち。二の腕がたるみやすいのもこのためです。この運動で上腕三頭筋の反応をよくしてあげましょう。ねこ背や内巻き肩の人にもオススメ。

丸まった肩や、
たるんだ二の腕は、
年齢がでやすい部位。
しっかりリセットして

二の腕の筋肉は肩関節に密接に関わっています。二の腕がたるんでいるなら、内巻き肩の可能性大！　二の腕の筋肉のスイッチを入れて、内巻きになった肩を正しい位置へとリードしよう。

姿勢リセット週間プログラム

超初心者さん向けメニュー

初心者さん向けの1週間のプログラム。基本のリセットエクササイズと、硬くなりやすいパーツのストレッチのみで構成されています。筋トレメニューは入っていませんが、これだけでもかなり姿勢が改善され、サイズダウン効果を実感できるはず！　運動は苦手、普段しない…という人でも取り組みやすいプログラムです。

月

リセットの日

キャット&カウ（P22）

ウォールエルボー（P26）

オールフォーストレッチ（P30）

火

リラックスの日

ハーフフロッグ（P42）

バウンドアングル（P76）

カーフランジ（P96）

Q&A

Q 筋肉痛がツラいときはどうすればいい？

体がガチガチに硬い人はストレッチで筋肉痛になることもあります。その場合は**痛みがなくなるまでは、お休みしましょう。**

Q 慣れてきたら回数は増やしていいの？

一度に行う回数を増やす必要はありません。動きに慣れてきたら、**リセットの日の3種目は毎日やっても！**　体が動きやすくなりますよ。

Q トレーニングの順番は大切なの？

リセットの日はプログラムの順番で行ってください。**キャット&カウを一番最初に行って背中を丸める動きを体に覚えさせる**と、体が動きやすくなります。リラックスの日はどのストレッチからやってもOKです。

水

お休み♥

木

リセットの日

キャット&カウ

ウォールエルボー

オールフォーストレッチ

金

リラックスの日

ハーフフロッグ

バウンドアングル

カーフランジ

土

お休み♥

日

リラックスの日

ハーフフロッグ

バウンドアングル

カーフランジ

リセットの日、余裕があれば最後にP90のリバースプランクを入れてみて！ リセット効果がさらにアップするよ！

Q 早く効果を出したい！お休みなしで続けてもいい？

OKです。お休みの日になにかしたいなら、3つのリセット種目を行って！ **姿勢が整いやすくなり、ストレッチもやりやすくなりますよ。**

憧れボディを目指す 全身2週間プログラム

リセット種目とリラックス種目に筋トレをプラス！　全身をストイックに鍛えたい人向けの2週間プログラムです。

脚・お尻の日、お腹・くびれの日を両方組み込むことで、スタイルアップの速度も抜群！　初心者さんなら、まず姿勢リセット週間プログラムをやってからのほうが効果大です。

1週目

月　リセットの日

キャット&カウ（P22）

ウォールエルボー（P26）

オールフォーストレッチ（P30）

余裕があれば一番最後にリバースプランク（P90）

火　脚・お尻の日

セミワイドスクワット（P64）

ヒップエクステンション（P68）

ニーリングツイスト（P72）

余裕があればヒップエクステンションの後にスロープブリッジ（P38）

2週目

月	火	水	木	金	土	日
お腹・くびれの日	リラックスの日	お休み♥	リセットの日	脚・お尻の日	お腹・くびれの日	リラックスの日

また1週目の月曜日から繰り返すよ

日	土	金	木	水
脚・お尻の日	リセットの日	お休み♥	リラックスの日	お腹・くびれの日

ハーフフロッグ（P42）

バウンドアングル（P76）

カーフランジ（P96）

レッグツイスト（P54）

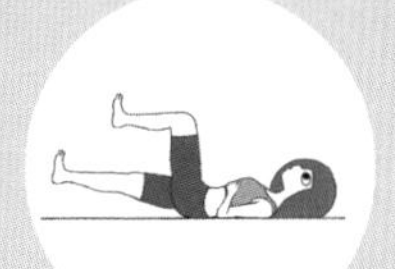

バイシクルデッドバグ（P46）

ニータッチクランチ（P50）

余裕があればレッグツイストの後にクロスタッチクランチ（P58）

Q&A

Q 脚・お尻だけをやりたいときはどうしたらいい？

お腹・くびれの日を休息日にしてください。**筋肉は3、4日休息日を入れることも大切**なので、この日に筋トレを無理にしなくてもOKです。

Q 時間がなくてトレーニングを1日休んじゃいました。どうしたらいいですか？

翌日にお休みした日のトレーニングをずらして行おう。1日ならOKですが、筋肉を長く休ませるとお休みモードに入るので、長時間のお休みは避けたいところ！

教えて
愛ちゃん
やせ筋トレ初心者のための Q&A

Q 目標回数に全然届きません

A 大切なのはフォーム。セットを分けて行って

回数を重ねるよりも、**正しいフォームをとることのほうが大事。**正しいフォームでまずは1回を目指しましょう。1セットの回数を減らし、2セット以上を目安に行って。

Q 筋トレしないほうがいいときってある？

A 空腹時、満腹時、就寝前は×

筋トレ時にはエネルギーが必要です。**空腹時に筋トレをすると、筋肉を分解**してエネルギーを得ようとするので筋肉が減ってしまいます。また、**満腹時は消化吸収が悪く**なり、体に負担がかかります。**寝る前は目がさえて**しまうのでオススメできません。

Q 腰が痛い…筋トレはしないほうがいいですか？

A 腹筋が使えていないかも。まずはフォームチェックを

お腹の筋肉が使えていなかったり、腰が反ったりするのが原因かも。まずは**フォームをチェック**して。それでも腰が痛いときはほかの原因が考えられるので無理はしないで。

Q トレーニング中、背中やひざがポキポキ鳴るけど大丈夫？

A 痛みがなければ問題なし！

こういう人は意外と多いんです。**関節部分の気泡が弾けるときの音**で、音がしても痛くなければ問題ありません。体がガチガチな人ほど鳴りやすいので、柔軟性が戻れば音が小さくなったり、音のでる頻度が減ったりします。

Q 腰は痛くないのですが下腹が気になります。P44の腰が痛くなりやすい人の下腹リセットエクササイズをやってもいい？

A この本のエクササイズはやりたいものをやってOKです

掲載しているエクササイズは女性のボディメイクにオススメのものばかり。特に不調がない人でも、やって損はありません。ぜひ、**いろんなトレーニングに挑戦**してみて！

Q お尻を強化したいなら、お尻のいろんなトレーニングをしたほうが効果的？

A あらゆるトレーニングを決まったルーティンで

お尻の筋肉をまんべんなく刺激するには、**お尻のいろいろな種目を行うと◎**。ただし、その日によって**種目をあれこれ変えると、余計な筋肉痛が起きる**ことがあります。いつも通りのメニューを決まったルーティンで。

おわりに

この本をお手にとってくださり、ありがとうございます❀
以前から、姿勢をテーマにした本をいつか出したいと思っていたので、
こうして形にすることができて、とても嬉しいです。

ひとことで　姿勢　といっても、ただ背すじを伸ばして、
見せかけだけを良くするのではなく、
肩こりや頭痛、腰痛などの悩みを根本から解決し、
疲れにくく、毎日を楽に過ごせるようになることが理想だと、私は考えています。

私も、そんな悩みを抱えるうちのひとりでした。

立った状態での電車移動は、30分もすると腰が痛くなってくるし、
たくさん歩いた日はやたらと足ばかりに疲れを感じていました。

きっと、不良姿勢によって、立っていることが困難な体に
なっていたのでしょう。

そのことに気づいてから、日常生活にリセット効果のある
エクササイズを取り入れるようになりました。

すると、痛みや疲れを感じにくくなるだけでなく、
太もものハリ感がなくなったり、フェイスラインがスッキリするなど、
見た目にも嬉しい効果があらわれたのです。

こんなにも素晴らしい効果があるのだから、
世の中にどんどん発信していくべきだと、私は考えました。

「姿勢」というコンテンツがあまり浸透していない今だからこそ、
私がイラストでわかりやすく紹介していこう、と。

こまめにカラダを動かすことの素晴らしさや、楽しさが、
もっともっとたくさんの人に広まりますように。☺

とがわ愛♥

【ブックデザイン】
東京100ミリバールスタジオ

【DTP】
東京カラーフォト・プロセス株式会社

【校正】
麦秋アートセンター

【編集協力】
和田方子

【編集】
間 有希

著者
とがわ愛（とがわ・あい）
1993年生まれ。D-Mark（株）代表取締役。元・美術部&合唱部の文芸派女子。運動嫌いのインドア派だったが、筋トレに目覚め、5ヶ月で10kgのダイエットに成功。筋肉、姿勢、体の仕組みについて研究し、美しいボディラインを作るためのメソッドを発信している。著書に『はじめてのやせ筋トレ』（KADOKAWA）。
Twitter @togawa_ai
Instagram @togawa_ai

監修
順天堂大学保健医療学部特任教授
坂井建雄（さかい・たつお）
1953年生まれ。1978年東京大学卒。同年東京大学解剖学教室助手、1984年ハイデルベルク大学解剖研究室に留学、1986年東京大学助教授、1990年順天堂大学教授、2019年から現職。解剖学の教育、運動器の機能解剖学、医学史の研究と執筆に携わっている。著書に『標準解剖学』（医学書院）、『図説 医学の歴史』（医学書院）など多数。

やせ筋(きん)トレ　姿勢(しせい)リセット

2020年7月22日　初版発行
2020年10月5日　6版発行

著　者　とがわ 愛(あい)
監　修　坂井(さかい) 建雄(たつお)
発行者　青柳 昌行
発　行　株式会社KADOKAWA
〒102-8177　東京都千代田区富士見2-13-3
電話　0570-002-301（ナビダイヤル）
印刷所　凸版印刷株式会社

●お問い合わせ
https://www.kadokawa.co.jp/（「お問い合わせ」へお進みください）
※内容によっては、お答えできない場合があります。
※サポートは日本国内のみとさせていただきます。
※Japanese text only

定価はカバーに表示してあります。

ISBN978-4-04-896836-2 C0077